A ESTRATÉGIA DO CAFEZINHO

Como Transformar Produtos em Marcas Imbatíveis

Cláudio Rabelo

A ESTRATÉGIA DO CAFEZINHO

Como Transformar Produtos em Marcas Imbatíveis

ALTA BOOKS
GRUPO EDITORIAL
Rio de Janeiro, 2023

A Estratégia do Cafezinho

Copyright © 2023 da Starlin Alta Editora e Consultoria Eireli.
ISBN: 978-85-508-1840-5

Impresso no Brasil — 1ª Edição, 2023 — Edição revisada conforme o Acordo Ortográfico da Língua Portuguesa de 2009.

Todos os direitos estão reservados e protegidos por Lei. Nenhuma parte deste livro, sem autorização prévia por escrito da editora, poderá ser reproduzida ou transmitida. A violação dos Direitos Autorais é crime estabelecido na Lei nº 9.610/98 e com punição de acordo com o artigo 184 do Código Penal.

A editora não se responsabiliza pelo conteúdo da obra, formulada exclusivamente pelo(s) autor(es).

Marcas Registradas: Todos os termos mencionados e reconhecidos como Marca Registrada e/ou Comercial são de responsabilidade de seus proprietários. A editora informa não estar associada a nenhum produto e/ou fornecedor apresentado no livro.

Erratas e arquivos de apoio: No site da editora relatamos, com a devida correção, qualquer erro encontrado em nossos livros, bem como disponibilizamos arquivos de apoio se aplicáveis à obra em questão.

Acesse o site www.altabooks.com.br e procure pelo título do livro desejado para ter acesso às erratas, aos arquivos de apoio e/ou a outros conteúdos aplicáveis à obra.

Suporte Técnico: A obra é comercializada na forma em que está, sem direito a suporte técnico ou orientação pessoal/exclusiva ao leitor.

A editora não se responsabiliza pela manutenção, atualização e idioma dos sites referidos pelos autores nesta obra.

Dados Internacionais de Catalogação na Publicação (CIP) de acordo com ISBD

R114e   Rabelo, Cláudio
A Estratégia do Cafezinho: Como Transformar Produtos em Marcas Imbatíveis / Cláudio Rabelo. - Rio de Janeiro : Alta Books, 2023.
288 p. ; 16cm x 23cm.

Inclui índice e apêndice.
ISBN: 978-85-508-1840-5

1. Marketing. 2. Marca. I. Título.

2022-2930
CDD 658.8
CDU 658.8

Elaborado por Vagner Rodolfo da Silva - CRB-8/9410

Índice para catálogo sistemático:
1. Marketing 658.8
2. Marketing 658.8

Produção Editorial
Editora Alta Books

Diretor Editorial
Anderson Vieira
anderson.vieira@altabooks.com.br

Editor
José Ruggeri
j.ruggeri@altabooks.com.br

Gerência Comercial
Claudio Lima
claudio@altabooks.com.br

Gerência Marketing
Andréa Guatiello
andrea@altabooks.com.br

Coordenação Comercial
Thiago Biaggi

Coordenação de Eventos
Viviane Paiva
comercial@altabooks.com.br

Coordenação ADM/Finc.
Solange Souza

Direitos Autorais
Raquel Porto
rights@altabooks.com.br

Assistente Editorial
Matheus Mello

Produtores Editoriais
Illysabelle Trajano
Maria de Lourdes Borges
Paulo Gomes
Thales Silva
Thiê Alves

Equipe Comercial
Adenir Gomes
Ana Carolina Marinho
Daiana Costa
Everson Rodrigo
Fillipe Amorim
Heber Garcia
Kaique Luiz
Luana dos Santos
Maira Conceição

Equipe Editorial
Beatriz de Assis
Betânia Santos
Brenda Rodrigues
Caroline David
Gabriela Paiva
Henrique Waldez
Kelry Oliveira
Marcelli Ferreira
Mariana Portugal
Milena Soares

Marketing Editorial
Amanda Mucci
Guilherme Nunes
Jessica Nogueira
Livia Carvalho
Pedro Guimarães
Talissa Araújo
Thiago Brito

Atuaram na edição desta obra:

Revisão Gramatical
Ana Mota
Smirna Cavalheiro

Diagramação
Rita Motta

Capa
Marcelli Ferreira

Editora afiliada à:

Rua Viúva Cláudio, 291 — Bairro Industrial do Jacaré
CEP: 20.970-031 — Rio de Janeiro (RJ)
Tels.: (21) 3278-8069 / 3278-8419
www.altabooks.com.br — altabooks@altabooks.com.br
Ouvidoria: ouvidoria@altabooks.com.br

ALTA BOOKS
GRUPO EDITORIAL

Para minha filha, Júlia, e para minha esposa, Raphaela Rabelo;

Aos meus pais, Gilberto e Ceci;

Aos queridos irmãos, Adriana, Gilberto e Carolina;

Aos meus afilhados, João Victor e Ana.

Aos estudantes, profissionais e demais leitores, os motivadores da escrita.

Agradecimentos do Autor

Agradeço à equipe da editora Alta Books, especialmente à Rosana Arruda, essa superprofissional que acreditou e abraçou a ideia desde a primeira página escrita. Vocês são transparentes, cuidadosos e extremamente competentes.

Agradeço também aos amigos Victor Mazzei e Rosane Zanotti, que foram praticamente meus orientadores e mentores. A cada parágrafo e a qualquer tempo eu me sentia à vontade para incomodá-los com meu entusiasmo pela obra.

E não poderia deixar de reconhecer a importância dos professores, escritores, produtores de conteúdo, profissionais, alunos e leitores que percorreram comigo essas últimas décadas de paixão pela profissão e pelos temas correlatos. Se eu fosse nomear um a um, teria que escrever um livro somente para isso.

SUMÁRIO

INTRODUÇÃO — 11

PARTE UM
UM CONVITE AO CAFÉ — 15

Os novos contextos — 17
A estratégia do cafezinho — 22

PARTE DOIS
ATIVAÇÃO DA PAIXÃO — 31

O poder da propaganda — 33
Como a propaganda funciona? — 36
Assessoria de imprensa — 39
Relações Públicas (RP) — 42
Gestão de comunidades — 46
Podcasting — 48
Atalhos mentais — 52
   9.1 Comparação — 53
   9.2 Reciprocidade — 54
   9.3 Familiaridade — 55
   9.4 Prova social — 56
   9.5 Autoridade — 57
   9.6 Comprometimento — 57
   9.7 Escassez — 59
   9.8 Curiosidade — 60

9.9 Storytelling	61
9.10 Especificidade	62

PARTE TRÊS
ATIVAÇÃO DO MERCADO
63

Fundamentos do marketing	65
Golden circle	75
Mapa de stakeholders	80
Introdução ao marketing digital	84
Transformação digital	86
Análise preditiva	91

PARTE QUATRO
ATIVAÇÃO DA EXPERIÊNCIA
93

User Experience (UX)	95
User Interface (UI)	103
Plataformas	118
Metaversos	126
Omnichannel	129
Customer Relationship Management (CRM)	131
Experiências probabilísticas	135
Mobile	138

PARTE CINCO
ATIVAÇÃO DA ATENÇÃO
141

Publicidade	143
Gestão de mídias sociais	146
A natureza das mídias sociais	150
Imersão e tática nas mídias sociais	155
Dark social	170
Remarketing, retargeting e discovery commerce	175
Mídia programática	180
Mídia Out of Home (OOH)	184

Prankvertising	187
Digital tie-in	189

PARTE SEIS
ATIVAÇÃO DO VALOR
191

Design	193
Branding	196
Place branding	202
Experiential marketing	209
Os arquétipos como ferramentas estratégicas	215
Brand persona	232
Customer persona	234

PARTE SETE
ATIVAÇÃO DO CRESCIMENTO
237

Growth hacking	239
Inbound	243
Startups	249
Sprint	254
Canvas	259
Alquimia do crescimento – metodologia dos 3Hs	262
Machine learning	265
Merchandise hacking	269

PARTE OITO
ATÉ O PRÓXIMO CAFÉ
271

E finalmente: o canvas da estratégia do cafezinho	273

OBRAS CONSULTADAS
279

ÍNDICE
283

INTRODUÇÃO

Antes de mais nada, é importante explicar que uma estratégia não é um método, mas uma orientação sobre o que deve ser feito. Seria praticamente impossível transformar a estratégia do cafezinho em um método, uma vez que consiste na crença de uma indissociabilidade entre seis conceitos: propaganda, marketing, UX, branding, publicidade e growth.

Cada um desses temas traz consigo centenas de metodologias, ferramentas e usos que não podem ser encaixotados em modelos, mas aplicados em cada contexto. Na obra *Faixa Preta em Publicidade e Propaganda*, que publiquei em 2018, tentei dividir as 63 lições em capítulos que representavam a mudança de faixa, orientando os leitores para a constante aprendizagem, afinal de contas, nunca estamos formados. Sejamos, então, inconformados e eternos aprendizes. Agora, trago novas lições, que não devem ser simplesmente estudadas, mas apreciadas, com um bom café. E toda propaganda deveria ser assim, agradável, viciante, versátil e atenta.

As lições foram divididas em capítulos que abarcam os grandes temas. Sugiro que leia desde o início as lições, em sequência, mas que depois releia esporadicamente, de forma não linear, o assunto que desejar. De preferência com uma xícara de café. Eu não acredito na hierarquia entre ferramentas de comunicação e marketing. Tudo faz parte de um rizoma, que se reorganiza em platôs, que podem ser acessados, redistribuídos e ressignificados a cada uso ou leitura.

E assim, os capítulos foram planejados da seguinte maneira:

PARTE 1 – UM CONVITE AO CAFÉ é o início da nossa conversa. São lições introdutórias, que contextualizam o mercado, as tendências que envolvem a criação e o universo dos negócios e das marcas. Também explicaremos em que consiste *a estratégia do cafezinho*, que nada mais é que o direcionamento para uma mentalidade administrativa voltada para os seis grandes conceitos.

PARTE 2 – ATIVAÇÃO DA PAIXÃO é composta de lições que mostram como a **propaganda** pode ser usada para envolver emocionalmente os públicos.

PARTE 3 – ATIVAÇÃO DO MERCADO traz lições sobre o marketing, seus contextos, suas tecnologias, ferramentas e seus objetivos, voltados para a produção de valores para todos os stakeholders.

PARTE 4 – ATIVAÇÃO DA EXPERIÊNCIA trata de mostrar como as lições de UX (user experience) podem reduzir os atritos, ampliar a eficácia e melhorar os relacionamentos em diferentes pontos de contato entre a marca e os seus públicos.

PARTE 5 – ATIVAÇÃO DA ATENÇÃO organiza os temas principalmente relacionados à atividade publicitária, com a sua capacidade de atingir os públicos certos, com as tecnologias específicas.

PARTE 6 – ATIVAÇÃO DO VALOR traz lições que mostram como poderemos utilizar o branding e as estratégias correlatas, para ampliar o valor das marcas por meio da sensorialidade.

PARTE 7 – ATIVAÇÃO DO CRESCIMENTO aborda as lições de growth, focadas na ampliação exponencial de público, receita e participação de mercado.

PARTE 8 – ATÉ O PRÓXIMO CAFÉ traz a conclusão da obra, com as reflexões sobre os temas discutidos, o apontamento das tendências e, finalmente, o canvas para visualizar e compartilhar *a estratégia do cafezinho*.

Este livro foi escrito para professores e profissionais de publicidade, propaganda, administração, relações públicas, além de produtores de conteúdo, gestores de marketing, empreendedores de diferentes níveis, estudantes e todos aqueles que trabalham com (e pelo) universo da estratégia. Em um contexto urbano imensamente saturado de informações e possibilidades, trago aqui a proposta de criar uma espécie de mantra, sintetizado simbolicamente na figura do café. E assim desejo convidar todos aqueles que lidam com os desafios cotidianos, que voltem seus olhares em direção aos seis conceitos indissociáveis para a promoção de pessoas, instituições e marcas: marketing, publicidade, branding, propaganda, growth e UX.

Pegue seu café e me acompanhe nesta conversa!

PARTE UM

UM CONVITE
AO CAFÉ

OS NOVOS CONTEXTOS

No mesmo dia em que recebi o *release* informando que o principal jornal impresso da região estava transferindo a sua plataforma para o meio digital, uma postagem no Instagram feita pela agência WMcCann anunciava a contratação da nova *chief strategy officer*, com a missão de "trazer dados e tecnologia para o centro da agência e aprimorar a entrega aos clientes". No LinkedIn passaram a proliferar vagas para cargos como UX *writer*, UX designer e *community manager*. Enquanto isso, na Universidade Federal do Espírito Santo, passamos a nos reunir semanalmente para pensar um novo currículo a fim de tornar o curso de publicidade e propaganda mais preparado diante das novas dinâmicas sociais. Havíamos também acabado de receber a visita do Sávio, que atende grandes contas no Google, e da Luana, que comanda boa parte da inteligência digital da Unilever nos EUA. O *Faixa Preta em Publicidade e Propaganda* havia sido lançado há quase 2 anos e, embora despontasse como líder da sua categoria na Amazon, já começava a me incomodar, pois das suas 63 lições originais, percebi que já haviam surgido várias outras. Como eu disse na conclusão do próprio livro, o ecossistema estratégico da propaganda deveria ser escrito em um livro que nunca fica pronto. Não há mercado mais mutável ou atividade mais dinâmica que a publicidade.

O contra-ataque ao cenário que carregava o medo das transformações digitais deixou de ser um mito que se manifestava apenas por sinais sutis para nadar com braçadas firmes nestes novos tempos que ressignificam o mercado da estratégia. E assim, dezenas de marcas e pessoas que temiam os avanços das tecnologias da cibercultura resolveram aplicar a transformação digital em seus negócios e em suas próprias vidas. Isso foi condicionado pela inimaginada pandemia da Covid-19, que delineou não somente os mercados, mas todos os tipos de dinâmicas sociais, incluindo até mesmo a mudança na mente das pessoas.

Reafirmo aqui o que já havia dito no primeiro livro, que o maior equívoco reside no uso do "ou" e das dicotomias quando trabalhamos com estratégia. Não precisamos escolher a Netflix e descartar o cinema, tampouco acreditar que o livro impresso precisa morrer para que o Kindle e os audiobooks sejam adotados. As lojas físicas não serão substituídas pelas digitais, o *streaming* não matará o cinema e, obviamente, as pessoas não deixarão de transar por causa do sexo online ou da internet háptica. É uma besteira sem tamanho acreditar que a transformação digital consiste na mudança de um modelo para outro totalmente novo. Temos múltiplas plataformas, muitas ferramentas e diversas lógicas socioculturais. Tento, por isso, abandonar o reducionismo de encerrar expressões como publicidade, propaganda, marketing, branding, user experience e growth hacking em cenários distintos. Tudo passa a fazer parte do que eu prefiro chamar de ecossistema da estratégia.

Para se ter uma ideia sobre a história da estratégia, quando voltamos algumas centenas de milhares de anos, na infância da civilização, notamos que não era comum o paradigma do patriarcado. As mulheres eram tratadas como divindades, associadas à fertilidade, de forma que a própria vida no planeta era atribuída aos mitos femininos. Posteriormente, a antiga Grécia incorporou uma dessas mitologias ao apresentar *Gaia*, nascida do *Caos*, como a força primordial e geradora de tudo o que existe, tendo criado *Urano* como seu par. Os fenômenos naturais eram explicados por mitologias, que se apresentavam de múltiplas formas e em diversas culturas. As fases da Lua e as estações do ano, por exemplo, eram explicadas pelas mudanças de humor dessas entidades responsáveis pela fertilidade do planeta, a exemplo de Perséfone. Puro storytelling! Até mesmo as questões metafísicas como o amor, a tristeza, a morte e a felicidade eram justificadas por mitos femininos como Afrodite, Hera e Atena. Nesse contexto, ao observar os dados naturais, os *sapiens* usavam a inteligência de dados disponível na época, registrando o movimento dos astros, a mudança nas marés e o ciclo da produtividade na agricultura. Estrategicamente, os povos passaram a tentar catalogar padrões no suposto comportamento de seus deuses, dividindo o ano em meses ou em estações, planejando assim as colheitas, a caça e as migrações.

Para dar sentido ao mundo, os humanos uniam storytelling ao estudo de padrões. O que eu quero dizer é que o uso da estratégia como metodologia para atingir objetivos diversos não nasceu com o comércio e, sim, faz parte da natureza humana. A modernidade, de certa forma, matou a nossa criatividade, nos fazendo crer que o uso de soluções criativas para atingir os objetivos se reduz às vendas, ao comércio ou ao marketing.

A estratégia é o que responde à pergunta: "O que fazer?". Por exemplo, nossos ancestrais devem ter chegado à conclusão de que polir pedras e transformá-las em ferramentas poderia ser uma boa forma de construir abrigos e caçar animais. E isso foi uma revolução. Posteriormente resolveram juntar desenhos de letras para representar as ideias, ou seja: as palavras, ou *logos*. Os sumérios acreditavam que seria uma boa ideia planejar as habitações em forma de cidades; os árabes encontraram a solução criativa de domesticar e selar cavalos; e os gregos pensaram em organizar a população por meio da política. A história do mundo nada mais é que a história da estratégia, ou seja, a tentativa humana para decidir o que fazer para resolver seus problemas.

Hoje, para muito além de um *insight*, tais padrões são processados por supercomputadores capazes de direcionar as ações de marketing com uma efetividade nunca imaginada. A mitologia das marcas cresce de forma exponencial na era das mídias sociais e das tecnologias móveis.

Sobre o assunto, vale ressaltar que a diferença básica entre os mitos e os ícones reside no fato de que os primeiros são transformados pela oralidade e se repetem por discursos, mas com novas roupagens e pontos de vista, enquanto os segundos têm suas histórias mantidas em uma espécie de centralidade.

O Papai Noel, por exemplo, é um ícone contado em diferentes versões, mas com a mesma ideia central. É um velhinho bom, que distribui presentes por todo o mundo no período Natal, contando com a ajuda de seus amigos duendes e viaja em um trenó puxado por renas voadoras. Já o mito da caverna de Platão trata sobre a dolorosa libertação dos homens que descobrem a verdade, mas são desacreditados e às vezes condenados pelas pessoas comuns, que preferem a zona de conforto da ignorância. Tal mito se propaga em discursos que atravessam narrativas com roupagens distintas, como *Matrix, 1984, Total Recall, O Sexto Sentido, A Metamorfose, Hamlet, Fahrenheit 451* e até mesmo nas histórias de Jesus, Sidarta ou Maomé.

Também se manifesta em campanhas publicitárias clássicas, a exemplo do comercial televisivo que popularizou o jargão "Não é assim uma Brastemp". Nele, dois homens sentados, de forma aparentemente desconfortável em um sofá, compartilham suas experiências de compra, tentando buscar argumentos racionais para justificar aquisição de eletrodomésticos que funcionam, mas "não são assim uma Brastemp". Tal desconforto no período de pós-compra é conhecido nos estudos da publicidade como "dissonância cognitiva", que nada mais é que a luta do nosso ego por justificar e defender as péssimas escolhas, ou seja, a manifestação do mito da caverna. Esse é um dos principais papéis da propaganda: repetir indistintamente discursos, das mais diferentes formas, a ponto de criar a mitologia das marcas.

Esta obra que você tem impressa em mãos, ou digitalizada e virtualizada em qualquer outro suporte, ou sonoramente proferida em forma de audiobook, às vezes até por alguma tecnologia inteligente, pode ser considerada uma espécie de continuação do *Faixa Preta em Publicidade e Propaganda* (mesmo não sendo) e tem como premissa ensinar ou aprimorar o universo da estratégia, levando em consideração a tentativa de redução das nossas dissonâncias cognitivas profissionais.

Somos capazes de mostrar que as ferramentas estratégicas podem e devem ser boas para quem faz e para quem é impactado por elas. Pois, embora a publicidade ou o marketing equivocadamente estejam, por vezes, associados ao lado negativo do capitalismo exacerbado, temos encontrado novos caminhos que vêm provando justamente o contrário, que eles podem alinhar o crescimento econômico com os outros valores fundamentais, como a responsabilidade social, ambiental, a defesa dos direitos humanos e o respeito às diferenças.

A ESTRATÉGIA DO CAFEZINHO

Um dos maiores equívocos que um estrategista pode cometer é mensurar o sucesso de uma campanha de propaganda simplesmente pelo seu alcance. Em vez de gastar dinheiro produzindo mil panfletos, seria mais recomendável tornar-se amigo do artista que vai ceder o microfone para que você possa falar com um público de 20 mil pessoas durante um show, ou com 2 milhões de pessoas em suas mídias sociais. Conquistar a confiança do líder sindical, do presidente de uma multinacional, de um radialista ou de um influenciador digital pode ser o caminho para falar com milhares de consumidores. A importância das relações públicas, ou do micro RP (a conversa um a um), é uma das melhores estratégias para falar com grandes multidões, que muitas vezes fazem parte do seu público específico. Durante muito tempo, a eficácia publicitária foi mensurada nas impressões quantitativas da mensagem produzida, mas na maior parte das vezes os estrategistas ignoraram as qualidades específicas dos públicos que tentam atingir.

Muitos pequenos negócios não vingam após os primeiros anos de funcionamento justamente porque seus administradores estavam focados unicamente nas vendas unitárias e, dessa forma, esqueceram de buscar parcerias com distribuidores, estreitar a relação com veículos de comunicação, influenciadores, mercados correlatos e fornecedores. Pense na seguinte premissa: convencer o pastor equivale a conquistar todo o rebanho.

Imagine que um médico recém-formado alugue uma sala, instale uma placa na porta e espere até que apareça o primeiro cliente. Em vez disso, ele pode buscar uma plataforma, como um plano de saúde, e ampliar suas possibilidades de mostrar sua competência e fidelizar um público específico de forma mais rápida. Já um nutricionista pode ser indicado por uma rede de academias de ginástica, ou por um influenciador digital que se comunica com centenas de milhares de pessoas e até mesmo se tornar conhecido durante uma palestra ou uma entrevista sobre alimentação saudável para uma emissora de TV. Por isso "chamar para um cafezinho" o responsável pelo gerenciamento de algumas dessas plataformas pode se tornar fator estrategicamente mais efetivo e barato que distribuir milhares de panfletos. Mas lembre-se de que as relações devem ser sinceras e recíprocas em qualquer tipo de *networking*, caso contrário, o tiro pode sair pela culatra.

Por isso desenvolvi uma proposta de foco estratégico, com base no que o café me ensinou. É impressionante a plurissignificação da expressão, pois ao mesmo tempo pode representar:

- **Uma bebida:** uma xícara de café.
- **Um lugar:** o Café Tortoni.
- **Um evento:** "Vamos marcar um café".
- **Uma refeição:** O café da manhã.

A bebida é estimulante para o cérebro, é convidativa para os encontros e até mesmo ritualística em reuniões empresariais. Desconfio de empresas, instituições ou pessoas que me convidam para uma visita sem oferecer ao menos um café. O singelo produto movimenta um mercado gigantesco, desperta a atenção, estimula a sensorialidade, tem diferencial com a entrega, se torna um vício e cria uma experiência compartilhada. Tais características me motivaram a convidar meus colegas publicitários, estrategistas ou empresários para pensar seus negócios dentro desta perspectiva. A estratégia do cafezinho consiste, então, em analisar a situação atual, criar objetivos, planejar as estratégias e controlar os resultados dos seis focos gerenciais de atenção. E então a pergunta me motivou: O que podemos aprender com o café e aplicar em nossos negócios?

O infográfico a seguir simplifica as relações entre as características do café, usadas como metáforas para os grandes conceitos que envolvem o ecossistema da estratégia.

Figura 1 – A estratégia do cafezinho

Fonte: Cláudio Rabelo (2022).

MERCADO COMPLEXO – O café é uma *commodity*, ou seja, é comercializado nas bolsas de valores de todo o planeta, de forma que sua cotação influencia diretamente outros mercados. Ele envolve setores de produção agrícola, química, transportes, embalagens, varejo, comércio, em uma rede logística complexa que engloba um sem-número de stakeholders. Empresas, pessoas, marcas ou quaisquer outros tipos de instituição, precisam voltar seus olhares para as cadeias de relações, diretas e indiretas que orquestram o ecossistema de seus respectivos mercados. E por isso precisamos falar sobre **Marketing**.

ATENÇÃO – As estratégias de comunicação, marketing, propaganda, branding, growth, design, assessoria de imprensa, relações públicas e gestão, devem estar focadas em um contexto que compreenda a economia da atenção. Ser visto, comentado, compartilhado e lembrado não tem preço. Isso vale ouro hoje em dia. Os públicos precisam ser estimulados a despertar seus olhares para a existência das marcas. E tal atenção deve ser mantida a todo o momento, mas de forma agradável e respeitosa. Excesso de café pode enjoar, amarelar os dentes e causar labirintite. Mas na medida certa, ativa a atenção, melhora o humor e faz bem à saúde. E da mesma maneira as marcas devem ser vistas e percebidas de forma agradável. Espero que este livro contribua com orientações estratégicas capazes de ampliar a potência em torno da atenção dos públicos. Por isso falaremos sobre **Publicidade**.

SENSORIALIDADE – O café é torrado, moído e coado, ou preparado diretamente por máquinas que usam cápsulas especiais. Dependendo do tipo de preparo ele se diferencia em consistência, essência e apresentação visual. Pode ser servido num recipiente de plástico, ou isopor, em um copo de vidro no estilo americano ou em xícaras e bules. A fumaça faz parte da experiência. Além disso, pode ser acompanhado por um biscoito/ bolacha, chocolate ou raspas de limão siciliano. A apresentação faz a diferença no custo, no preço e no valor. Dependendo da qualidade, da entrega ou do local em que é servida, a bebida pode variar seu preço entre centavos até dezenas de dólares. De maneira parecida, as marcas precisam se focar em estratégias sensoriais para criar diferenciação, ampliar seus valores e encantar seus públicos. Por isso falaremos sobre *Branding*.

ENTREGA – Tomar um café no sítio da vovó, comendo biscoitos que remetem à infância, enquanto é possível escutar o barulho dos grilos e observar a natureza é algo que não tem preço. Também é inestimável o valor histórico de se fazer um *brunch* na mais antiga cafeteria de Buenos Aires, onde grandes escritores já se reuniram para conversar sobre os contextos culturais de suas épocas. Isso imputa valor ao produto. No fim das contas, a entrega nunca é simplesmente o produto, mas toda a orquestração e a harmonia que o envolve: a comunicação nas mídias sociais, os canais de atendimento, a higiene e a decoração dos banheiros, a arrumação das mesas, o leiaute dos produtos, a climatização, as formas de pagamento, o acesso ao estacionamento, as amenidades que superam as expectativas, ou seja, tudo aquilo que reduz os ruídos e facilita o processo de vendas. Por isso iremos falar sobre *User Experience (UX)*.

PAIXÃO – Além da cafeína, o café também possui polifenóis, que combatem os radicais livres. E assim, a bebida aumenta a expectativa de vida, amplia a atenção, ajuda na queima das calorias ao potencializar a ação metabólica e fortalece a memória. O corpo e a mente pedem por café sempre que precisam de energia. Essa necessidade inconsciente que nos leva à defesa e à busca incansável pela bebida energética pode se comparar à natureza humana, no que diz respeito à busca de fontes imateriais de poder. Consumidores querem acreditar que, ao usar os tênis da marca Nike, encarnam a deusa grega da vitória na guerra em suas competições esportivas; homens de negócios milionários muitas vezes acreditam que a potência de seus automóveis irá ampliar suas capacidades de sedução; milhares de jovens acreditam que serão mais populares se tiverem o mesmo corte de cabelo de algum *tiktoker* famoso. Resumidamente, a crença em mitologias das marcas faz os olhos das pessoas brilharem. Discursos poderosos, planejados e disseminados na forma de rituais, com abordagens persuasivas e grandiosas criam públicos engajados e apaixonados. E por isso vamos falar sobre **Propaganda**.

EXPERIÊNCIA COMPARTILHADA – O café dificilmente é uma experiência solitária. Em praticamente todos os eventos corporativos, temos como momento-chave o intervalo para o café. É a instância do *networking*, do compartilhamento de experiências e da identificação de oportunidades. E assim, seja na mais humilde casa de um lavrador, localizada em um vale tranquilo, ou no escritório do presidente de uma multinacional, passando pelas cantinas das Universidades e salas de espera dos consultórios médicos, há quem nos ofereça um café. Enfim, o café é um convite. E de maneira parecida, muitos consumidores precisam compartilhar suas experiências com outros usuários. A todo momento alguém nos diz que precisamos assistir ao novo filme da Netflix ou experimentar uma marca diferente de cerveja. Pessoas compartilham em suas redes os produtos que consideram essenciais, os lugares que visitam e a percepção sobre os serviços dos profissionais que os ajudaram a atingir seus resultados. *Member get member* é uma das principais premissas para as marcas que pretendem promover um crescimento rápido, exponencial e sustentável. E por isso precisamos falar sobre *Growth*.

EM SÍNTESE:

A estratégia do cafezinho consiste no esforço planejado para manter vivo, como um mantra, de forma indissociável e não hierárquica, o olhar atento e cotidiano sobre os seis conceitos-chave, para que as marcas possam:

- Administrar seu ecossistema de mercado (marketing).
- Ampliar exponencialmente os índices dos KPIs (*growth*).
- Melhorar a experiência dos usuários (UX).
- Ampliar os valores por meio da sensorialidade (branding).
- Criar públicos engajados e apaixonados por meio de discursos poderosos (propaganda).

- Identificar e conquistar a atenção, o interesse e a ampliação do alcance nos públicos certos, com o uso dos meios mais eficazes (publicidade).

PREMISSAS:

A **indissociabilidade** dos conceitos diz respeito à impossibilidade de se pensar qualquer uma dessas perspectivas de forma isolada: não se faz marketing sem branding, tampouco poderíamos pensar em growth sem UX. A publicidade e a propaganda estão interligadas. Como seria possível disseminar um discurso sem as tecnologias para a mediação da atenção?

A **não hierarquia** explica que não existe conceito, tecnologia, estratégia ou meio mais importante que o outro. Por exemplo, um carro pode ser útil para tornar as viagens mais rápidas, mas não serve para o exercício físico. Nesse caso, prefiro usar a bicicleta. Para subir ao vigésimo andar de um prédio seria melhor usar o elevador, mas para atravessar um rio, um barco parece a melhor opção. O mesmo acontece com as abordagens, os meios e as tecnologias de comunicação e gestão. A propaganda não é uma área inferior ao marketing, como muitos ainda insistem dizer. Ela usa a antropologia, a sociologia, a psicologia social, o marketing, a estatística e uma série de outras áreas do saber para se firmar. Embora sejam usadas como ferramentas, nem por isso devem ser consideradas subáreas da propaganda. E o mesmo se aplica ao marketing, que é um processo gerencial complexo, que usa a publicidade, a propaganda e uma série de outros campos epistemológicos (áreas de conhecimento) como ferramentas. Mas isso não as reduz hierarquicamente em seus conceitos.

PARTE DOIS

ATIVAÇÃO DA
PAIXÃO

03

O PODER DA PROPAGANDA

O poder manipulador da comunicação é um mito, disseminado, por exemplo, pelo infeliz trabalho realizado por Goebbels – o pai da propaganda nazista, ou por Elvis Presley, que repaginou e popularizou toda uma indústria do entretenimento. De maneira nenhuma desqualifico o papel da ferramenta em questão como estratégia discursiva e persuasiva poderosa, mas seu uso instrumental muitas vezes é a serviço do mal. O poder da propaganda se manifestou nas ideologias dos regimes totalitários como o nazismo, o stalinismo e o pinochetismo, assim como na expansão das religiões e até mesmo nos esportes. A propaganda não deixa de ser um discurso rasteiro e dissuasivo, responsável pela disseminação do imaginário eurocêntrico padrão denunciado, por exemplo, por Frantz Fanon (2008) em seu clássico *Pele Negra, Máscaras Brancas*. Portanto, a propaganda se trata de um mito, pois o que se diz sobre o poder do seu discurso é repetido de diferentes maneiras. A propaganda é capaz de se infiltrar sub-repticiamente no imaginário social, sem deixar de ser real.

Ela é capaz de recuperar economias ou dividir o mundo em blocos políticos. Além disso, consegue direcionar milhões de pessoas para o caminho de um consumo desenfreado, rumo à criação e à manutenção de preconceitos, responsáveis pela estratificação econômica, pela segregação social e até mesmo pelo convencimento dos sujeitos em redes, para que troquem suas realidades racionais pela sensação de antídoto ao estresse, induzido pela estúpida sensação de sucesso ao consumir algo que os outros não conseguiram comprar. Além disso, a propaganda também é capaz de disseminar a adoção do desapego ou até mesmo o sacrifício em nome de uma ideia. Milhares de pessoas abandonam suas zonas de conforto para a adoração de símbolos, como a coroa na cabeça de um monarca, ou a bandeira que flamula em um mastro. Milhões de pessoas se ajoelham diante de uma cruz, de uma personalidade política, ou se emocionam com personagens humanos, como Paul McCartney, e imagéticos, como o Super Mário.

Pelo menos duas vezes por semana legiões de torcedores espalhados pelo mundo entram em estado de êxtase, quase hipnótico, diante da atuação de seus times do coração. Reagem como as personagens do clássico de George Orwell, *1984*, em histeria coletiva diante do imaginário construído pela indústria do futebol, por meio de um trabalho de propaganda articulado com os mesmos elementos estratégicos usados pelas religiões e pelos regimes políticos. A propaganda é capaz de fazer multidões demonizarem a ciência, as universidades e o jornalismo ao mesmo tempo que defendem as teorias de conspiração mais absurdas e inverossímeis, propagadas por robôs orientados por algoritmos complexos, enquanto defendem regimes políticos de opressão. Mas não é só isso... A atividade que resolvi abraçar nos últimos 25 anos não pode ser somente isso!

"Com a palavra, o advogado de defesa":

Da mesma maneira, a propaganda é capaz de unir as pessoas em torno de ideias, transformando em larga escala os hábitos de consumo, as relações de alteridade, a preservação ambiental, o crescimento sustentável, a educação e uma série de fatores que podem garantir algum futuro para este planeta, que parece atualmente condenado, não por *Gaia* (ou nenhum de seus doze filhos titãs), nem por sociopatas políticos como Nero, Gêngis Khan, Vlad, Napoleão, Hitler, Stálin ou os contemporâneos líderes extremistas, que ampliam suas vozes pelo Twitter. São os bilhões de sujeitos em rede, talvez inspirados pela nova propaganda, que perceberão que seus rastros deixados na nuvem é que vão configurar o mundo no qual nossos filhos irão habitar.

Em resumo, propaganda é linguagem/objetivo e criação mitológica de um discurso. Já a publicidade é uma atividade profissional que alinha a comunicação das instituições com seus stakeholders. O discurso persuasivo, característico da publicidade, assim se caracteriza por entrar no campo de crença do outro (estudam-se os públicos) e objetiva uma resposta, como uma compra, um voto ou uma mudança de atitude. Suas funções são basicamente organizadas em: pesquisa, planejamento, criação, produção, veiculação e controles. Hoje temos milhares de metodologias, técnicas e canais para o exercício da atividade publicitária. E assim, percebemos um novo *big bang* profissional, com um turbilhão de novas profissões e áreas de atuação.

Há retroalimentação entre publicidade e propaganda. As marcas com seus poderes comerciais e domínio dos dados, além das ferramentas estratégicas discursivas da propaganda, devem assumir a responsabilidade que está em suas mãos, a fim de compreender seus papéis na construção de um futuro que produza relevância para a humanidade.

Hoje as pessoas comuns têm, mesmo que em menor escala, ferramentas capazes de produzir algum tipo de propaganda. E, assim, reitero que o objetivo deste livro é contribuir para que a usem da forma correta, fazendo com que suas marcas sejam promovidas em um ecossistema que seja capaz de tornar o mundo um lugar melhor.

COMO A PROPAGANDA FUNCIONA?

Não é à toa que Kevin Roberts (2004), CEO da multinacional de propaganda Saatchi & Saatchi, cunhou o termo *lovemarks* para comparar o amor humano às duradouras e engajadas relações de consumo. Abordei a questão na lição 18 do livro *Faixa Preta em Publicidade e Propaganda*, alguns anos após ter orientado um trabalho de conclusão de curso sobre o tema. Marcas amadas são mais poderosas que as marcas simplesmente lembradas. Por exemplo, imagine que um homem apaixonado passe a perseguir uma mulher que acabou de conhecer e assim repita incansavelmente quanto a ama com o uso de artifícios diversos, como a entrega ininterrupta de buquês de flores no local de trabalho, a publicação de outdoors com frases exageradas, o uso de carros de som para que reverberem mensagens em seus megafones logo pela manhã e insistentes telefonemas todos os dias. Quem entende minimamente de relacionamentos sabe que *stalkear* é a pior maneira de iniciar um relacionamento amoroso. Na verdade, é a forma ideal de afastar qualquer pessoa.

Por outro lado, muitos já devem ter passado por algum momento mágico na vida, algo comparável ao roteiro de uma comédia romântica ou se sentiram protagonistas de alguma trilha sonora, como o trecho a seguir, uma versão da música de Alejandro Monroy Fernandez e Carlos Villa de La Torre, popularizada na voz de Renato Russo:

"Foi assim que a conheci
Naquele dia junto ao mar
As ondas vinham beijar a praia
O sol brilhava de tanta emoção
Um rosto lindo como o verão
E um beijo aconteceu"

E assim funciona a propaganda com a criação de momentos mágicos, encantamentos, relacionamentos consistentes e produção real de valores. A marca mais lembrada de cerveja não é a mais amada, tampouco a preferida. Em propaganda, a lembrança e o impacto são dois fatores importantes, mas nem de longe posso considerá-los prioritários para o fortalecimento dos laços afetivos capazes de impulsionar o valor das marcas. Certamente você não deve se lembrar de nenhuma campanha publicitária de marcas como Ferrari, Louis Vuitton ou a Universidade de Harvard. A propaganda dessas *lovebrands* circula de forma diferente, sem o uso indiscriminado de anúncios em intervalos comerciais, que interrompem alguma programação interessante. Tais valores se propagaram por mitologias, histórias e experiências. Para Kevin Roberts (2004), uma marca de amor se fortalece por meio da sensualidade (ou sensorialidade), do mistério e da intimidade.

Por isso é importante lembrar que as marcas devem abandonar a obsessão pela liderança do *recall*. Em vez de martelar as mentes com repetição incansável, é mais eficaz, principalmente nestes tempos de saturação informacional, investir nas experiências com a entrega dos valores, incluindo a melhoria dos processos logísticos, a ambientação de ponto de vendas, as embalagens, a sensorialidade, o atendimento, as vendas, o relacionamento, a ouvidoria, a divulgação, a precificação, o storytelling, a qualidade dos produtos, a diferenciação, a responsabilidade social, o engajamento e a inteligência de dados.

Mas devo atentar para algo. Embora a repetição publicitária tenha se mostrado ineficaz para a criação de laços emocionais profundos, devo admitir que as estratégias de inbound, que são fórmulas de lançamento e marketing de conteúdo na internet, têm mostrado que o retargeting é um importante fator de conversão. Dificilmente os clientes compram produtos em uma primeira abordagem. Nas ações digitais, geralmente temos percebido que a frequência funciona mais que o alcance. Paradoxalmente, isso quer dizer que repetir a abordagem para o mesmo público é mais eficaz que investir na ampliação do número de impressões para públicos distintos. Mas isso jamais deve ser confundido com saturação de informação ou qualquer tipo de propaganda invasiva. Muito ao contrário, isso significa que a marca deve saber se tornar presente em meio ao caos informacional, lembrar os consumidores da sua existência, mas com muito cuidado para que a relação seja construída de forma orgânica e baseada na relevância. Marcas devem ser aliadas dos públicos e ajudá-los em suas jornadas em busca de uma vida mais plena.

E justamente por isso as ferramentas digitais são importantes, uma vez que ajudam no gerenciamento do relacionamento, para que cada nova abordagem ao mesmo público não se torne uma mera repetição em forma de poluição informacional.

ASSESSORIA DE IMPRENSA

Todas as instituições ou marcas precisam transmitir uma comunicação transparente, eficaz e que amplie os valores dos seus produtos ou serviços. O trabalho da tradicional assessoria de imprensa consiste justamente em garantir a veiculação de mídia espontânea (não paga) e positiva nos diferentes veículos de comunicação. O profissional responsável por esta atividade tem a incumbência de manter um bom relacionamento com a imprensa e fornecer materiais informativos úteis e interessantes que auxiliam os jornalistas na produção das notícias.

O assessor de imprensa geralmente tem forte conhecimento da marca que representa, domínio das metodologias de documentação, reportagem e amplo relacionamento com o mercado jornalístico. Assim, elabora o documento denominado *release*, contendo as informações que podem auxiliar os editoriais na menção da empresa com matérias jornalísticas de interesse público. Também é responsável por manter um *mailing list* com os contatos da imprensa, além de controlar e mensurar os resultados obtidos em mídia espontânea.

Um *release* deve conter, ao menos, as informações básicas: o que, quem, onde, quando, para quem e quanto.

Vamos a um exemplo simplificado:

QUADRO 1 – Exemplo simplificado de *RELEASE*.

Quem?	O Shopping da Villa.
O que?	Iniciará a programação de Natal com a chegada do Papai Noel.
Onde?	No estacionamento principal.
Quando?	Abertura do evento será no dia 22 de novembro, às 17h. Entre 23 de novembro e 24 de dezembro, o Papai Noel estará entre as 10h e as 16h posando para fotos, na área temática do shopping.
Para quem?	Para toda a população da cidade, principalmente para as crianças.
Quanto?	1 kg de alimento não perecível.
Mais detalhes	O Papai Noel chegará de helicóptero e posará para fotos gratuitamente com as crianças e famílias. Haverá sorteio de brindes oferecidos pelas lojas e uma vila temática aberta para visitação.
Complemento	Imagens ou arquivos explicativos de áudio e vídeo no link.

Fonte: Cláudio Rabelo (2022).

O documento completo deve ser enviado aos jornalistas com fotos, preferencialmente exclusivas para cada veículo e materiais complementares. Materiais bem elaborados, geralmente criados para divulgar lançamentos, eventos importantes ou novos trabalhos de artistas, também são chamados de *press kit* (kit para a imprensa). Quando estão em formato digital, também podem ser chamados de EPK (*eletronic press kit*).

É fundamental compreender que as mudanças no ecossistema do mercado jornalístico demandam novas maneiras de manter excelentes relacionamentos entre as empresas e os veículos de comunicação. A alimentação, com informação, das áreas dedicadas aos jornalistas em sites, a manutenção de notícias atualizadas em microblogs como o Twitter, as *newsletters* enviadas por e-mail ou WhatsApp e até mesmo o gerenciamento da relação com os novos produtores de conteúdo, influenciadores locais e públicos formadores de opinião em redes sociais, também deve fazer parte dos esforços para divulgar organicamente a comunicação das marcas.

Também é importante lembrar que muitos jornalistas passaram a utilizar diferentes espaços e linguagens para a elaboração de reportagens e promoção de notícias, como as interfaces do Instagram (publicações no *feed*, *stories* e *reels*), Twitter, YouTube, podcasts e Clubhouse. Imagens e trechos de áudio adaptados para esses formatos também ampliará a possibilidade de divulgação em mídia espontânea.

RELAÇÕES PÚBLICAS (RP)

Toda organização precisa manter uma comunicação responsável, coesa, compreensível e livre de ruídos em todos os níveis de gestão e que contemple os diferentes stakeholders. A função dos profissionais que trabalham com relações públicas consiste não somente em estabelecer o tom de voz e os valores comunicativos institucionais, mas também garantir a manutenção da imagem, da reputação e do bom relacionamento com todos os públicos. Entre as principais atividades, destacam-se:

- **Porta-voz** – Manter o bom relacionamento, em nome da instituição, com todos os públicos de interesse, além de definir as abordagens, as estratégias e os discursos que serão adotados pelos representantes institucionais.

- **Organização de eventos** – Coordenar a participação da empresa ou marca em congressos, seminários, palestras, exposições, feiras de negócios e demais eventos corporativos.

- **Cerimonial e protocolo** – Orientar a alta gestão ou as representações institucionais em relação ao comportamento, à etiqueta e às rotinas em eventos. Organizar, por exemplo, a ordem das apresentações em um seminário, a designação de um mestre de cerimônia, o tempo de fala entre os participantes, o *coffee break*, a orientação de todos os envolvidos na organização etc. Ellen Lupton (2020) nos mostra em sua obra *O Design como Storytelling* que tudo pode contar uma história. A autora usa como exemplo o design das emoções, planejado pelos designers das montanhas russas. De forma parecida, os RPs devem atentar para que a organização de um evento aproveite o potencial do storytelling. O momento da recepção representa o início da história, a apresentação das personagens (convidados) e do universo narrativo (o salão decorado). Em seguida, os convidados passam por experiências orquestradas que dirigem as emoções dos participantes. Ao final, deve haver uma sensação de retorno transformado. A volta para casa com o elixir. Valeu a pena participar? Os roteiros dos eventos, nesse sentido, não devem ser frios e restritos aos tópicos, aos horários e às funções, mas precisam ser planejados como histórias, cujos protagonistas sejam os convidados. Este é um princípio conhecido como *guestologia*, um conceito da Disney que transforma todos os funcionários do parque em parte de um elenco (*cast*) responsável por contar uma história para os convidados (*guest*).

- **Media training** – Quando eu era criança, minha mãe repassava comigo o texto, umas vinte vezes, de como eu deveria me comportar durante uma festa.

Ela dizia:

"Olha, Cláudio Renato, você quando não quiser comer algo, basta dizer que está SA-TIS-FEI-TO... não precisa sair gritando 'TÔ CHEIO... TÔ CHEIO', basta dizer que está satisfeito. Entendeu? Repete então... SA-TIS-FEI-TO."

Media training se parece com isso, só que geralmente é feito com especialistas de empresas e marcas em vez de crianças. Simulamos entrevistas com os representantes institucionais, convidados a participar de reportagens. Os "entrevistados" passam antes por sabatinas simuladas, que envolvem perguntas e respostas das mais simples até as mais difíceis de responder.

- **Oferta ou aprovação de projetos** – Muitos projetos demandam apoios, patrocínios ou diferentes formas de participação. Pode ser papel dos profissionais de RP definir se há alinhamento entre as propostas e os valores institucionais.

- **Gerenciamento de crises** – Criação de abordagens e estratégias, diante de contingências que podem afetar a imagem institucional. A partir dessa premissa, vamos agora para a pergunta que vale 1 milhão de dólares:

— É melhor abrir o jogo ou "abafar" os escândalos?

A resposta indicada por 9 entre 10 profissionais e autores de relações públicas é: "TOMAR A DIANTEIRA". Ou você fala a verdade, com a sua versão e explicação do contexto, ou falam sobre você. Assuma a responsabilidade, diga o que a empresa está fazendo para apurar o acontecido, reparar os erros e amparar as vítimas (quando houver). Além de passar transparência e profissionalismo, mostra que a sua empresa tem uma versão oficial sobre os fatos.

- **Cocriação** – Definição de estratégias discursivas que podem se alinhar com o tom de voz e a imagem de celebridades, influenciadores e formadores de opinião.

- *Cobranding* – Análise e planejamento do alinhamento discursivo entre diferentes marcas. Certa vez almocei em um restaurante que deixava sobre a mesa a comanda para anotação dos itens consumidos. O problema é que uma dedetizadora, cujo logotipo era representado pelo desenho de uma barata, havia patrocinado a impressão da peça em questão. Isso me fez pensar na importância de um profissional de RP. Ao estabelecer parcerias, estratégias conjuntas de comunicação e negócios, as marcas devem estudar o alinhamento dos discursos. "Diga-me com quem andas que te direi quem és", pensará o público, para o bem ou para o mal. O RP deve cuidar ao máximo para manter ou ampliar a reputação da marca.

▫ **Comunicação interna** – Organização dos fluxos de comunicação e da cultura institucional entre todos os colaboradores, além da definição de programas que garantam a satisfação, a autoestima e o espírito de pertencimento por parte do público interno. Isso inclui o compartilhamento dos valores da empresa, a elaboração e a aplicação dos manuais de ética laboral e reputação da marca.

É bom frisar que não tenho a intenção de criar um embate afirmativo entre as diferentes formações profissionais ou universitárias. Publicitários, designers, jornalistas ou relações públicas podem ser excelentes profissionais em diferentes áreas da comunicação, da administração ou das artes. Minha perspectiva aborda, de certa forma, os conceitos e as possibilidades das diferentes estratégias em questão.

GESTÃO DE COMUNIDADES

Historicamente, as agências de propaganda tratavam seus públicos como *target* (ou alvo), um conceito tão comum e tradicional para os publicitários a ponto de ter me levado a fundar uma agência de propaganda com esse nome em 1999. Atualmente tenho profunda aversão ao conceito, uma vez que trata as pessoas como se fossem apáticas a uma comunicação bruta, supostamente capaz de atingi-las com pedradas de informação indesejada.

Por exemplo, uma fabricante de fraldas poderia definir como *target* as jovens mães de classe C e que tenham filhos recém-nascidos. Porém, em vez disso, deveria se perguntar: O que as pessoas desse público têm em comum? Quais são as suas dores? Quais seriam os pontos de conexão emocional que me fariam conversar com elas como parte de algo único?

E assim, as marcas devem estar atentas aos novos contextos da cocriação, em que podem dialogar com as pessoas em níveis únicos de intimidade e proximidade. As comunidades não podem, no entanto, ser formadas em espaços simplesmente digitais, mas em quaisquer interfaces de mediação discursiva. Independente do canal utilizado, seja um aplicativo, a loja física, uma plataforma de videoconferência, um grupo de discussão, um evento corporativo, ou um e-mail, o que importa é que a marca se integre como um membro-chave e aglutinador do grupo, como uma líder que inspire de forma orgânica e não como uma chefe que impõe o consumo ao grupo que lidera.

Diante deste contexto a maioria das grandes marcas já contrata os *community managers,* um nome gourmetizado para os gestores de comunidades. São pessoas com alto conhecimento sobre o universo que envolve a marca, que inspiram confiança, reputação e respeito com o público e assim mantêm estreita e transparente a gestão da comunicação e da imagem.

Um gestor de comunidade deve atuar dentro do contexto das relações públicas, monitorando o que se fala sobre as marcas nas mídias sociais, acompanhando o movimento da concorrência, as tendências do mercado e os níveis de crescimento e engajamento dos públicos. Deve ser um mediador das conversas, gerenciador das crises e motivador de discursos que ampliem a base de novos usuários, encoraje os públicos para a defesa da marca e estimulem o espírito de pertencimento e comunidade.

O papel do gestor de comunidades é muito bem definido e eficaz nas campanhas políticas. Grupos específicos procuram, escutam e seguem lideranças que possam representá-los. Líderes religiosos, representantes de associações e sindicatos, além de personalidades locais, podem reduzir os atritos, ampliar a reputação das marcas, servir como porta-vozes, mediar conflitos e manter uma comunicação clara e transparente entre as marcas e os públicos que representam. E assim, os *community managers* devem ser capazes de familiarizar esses líderes apoiadores com comunicação que forma a cultura institucional, acompanhar os diálogos com as comunidades envolvidas e alinhar os interesses entre a marca e as pessoas.

08

PODCASTING

P ode o quêêê? Durante muito tempo essa foi a reação da maioria das pessoas logo no início da conversa sobre o assunto. A força oculta do podcast me lembra o ditado chinês, *Tigre agachado, dragão escondido,* que deu título ao filme conhecido no Brasil como *O Tigre e o Dragão.* O popularizado aparelho de reprodução sonora da Apple (Ipod) e a amplitude do sistema de *broadcasting* (a exemplo do rádio) foram as inspirações necessárias para que o VJ da MTV, Adam Curry, criasse a expressão *podcasting.* O meio de comunicação que é pessoal e sob demanda (*Personal on demand – Pod*) teve um início tímido, como um tigre agachado, que parece inofensivo e esconde suas reais intenções. Mas com o tempo se mostrou potente como um dragão, que estava escondido à espera do melhor momento para atacar. Passou então a ser adotado por produtores de conteúdo de diferentes segmentos, do esporte à educação, das finanças ao humor, da medicina à publicidade, ou simplesmente misturando todos os assuntos em amálgamas de conteúdos cotidianos.

O podcast se propaga em forma de *streaming,* como um produto sonoro, que atravessa múltiplas plataformas de conteúdo e mídia. É possível ouvir podcast pelos dispositivos de telefonia móvel, smart TV, computadores pessoais e consoles para videogames. O meio também não se limita a uma marca própria, mas pode ser acessado por agregadores disponibilizados por centenas de empresas de comunicação como Spotify, Google, Apple, Amazon e Sony.

Muitos estrategistas de marcas demoraram a entender a potência dessa *low hanging fruit*, ou fruta que está ao alcance. A chance de os *early adopters* colherem as frutas mais baixas e vistosas na árvore é muito maior que os que seguem as modas já consolidadas. As oportunidades para desbravar esse formato eram imensas, à medida que grande parte da concorrência ainda não havia descoberto o poder e as vantagens de investir no podcast. O formato tem a capacidade de dispensar a atenção visual, podendo ser consumido em multitarefas, enquanto os espectadores dirigem seus automóveis, cozinham seus jantares, trabalham no computador, realizam exercícios físicos ou até mesmo antes de dormir, com as luzes apagadas. Além disso, não ignora os expressivos números de públicos cegos ou com baixa visão, negligenciados muitas vezes pelas empresas que se esquecem de criar políticas de comunicação inclusivas.

Estrategicamente falando, o formato parece despontar em um momento de maturidade midiática, aproveitando-se de estratégias de *product placement*, advertainment e *branded content*, que a grosso modo são evoluções do merchandising editorial (ou *tie-in*). A flexibilidade criativa dos *podcasters* é notável, uma vez que são capazes de criar programas com formatos variados, incluindo o entretenimento, a música, o humor, as notícias, o conto, ou simplesmente uma conversa cotidiana.

Outra característica que torna o podcast atrativo para o marketing é a sua despretensão em provar números. O que importa é um conteúdo relevante e alinhado ao propósito e aos valores do anunciante. Se houver este tipo de alinhamento é possível incluir dentro do orçamento o planejamento da otimização quase precisa do público a ser atingido. Enquanto nas antigas mídias de massa a audiência só era conhecida após a veiculação, com pesquisas como o Ibope, nas mídias digitais podemos planejar postagens voltadas para pessoas com interesses previamente mapeados. Ou seja, quando um anunciante decide investir em comunicação via podcast, pode direcionar parte do orçamento para a otimização bastante precisa do público a ser atingido. A seguir, listarei algumas possibilidades estratégicas para podcasting:

- **Treinamentos** – Certa vez entrei na loja de uma famosa franquia que vende chocolates e vi que as funcionárias estavam ouvindo um treinamento de vendas, enquanto não estavam atendendo os clientes. Também imaginei que seria interessante a criação de episódios específicos com mensagens de boas-vindas e compartilhamento da cultura corporativa no momento da contratação. Funcionários podem se sentir perdidos e desorientados durante a fase de adaptação em uma nova empresa ou cargo. Nesse sentido, o podcast pode se tornar um aliado e guia neste processo.

- **Placement** – Marcas podem participar de forma criativa dentro dos roteiros dos programas específicos. Sou amigo do Renan Cirilo, que já foi vice-presidente da associação brasileira de podcasting e um dos maiores entusiastas sobre o assunto. Já conversamos várias vezes sobre o fato de que o seu programa, o *Na Trilha*, que trata sobre os esportes de aventura ao ar livre, tem o potencial de criar histórias com as marcas anunciantes, muito além de simplesmente inserir a publicidade que interrompe ou oferece o produto de entretenimento. Por exemplo, ele pode explicar como a bota de determinada marca já o salvou de uma hipotermia, ou como um tipo específico de corda amplia a segurança da escalada. Pode ainda dizer que barras de cereais ou mix de castanhas são essenciais para a caminhada nas trilhas ecológicas. Tudo isso pode ser compartilhado em um contexto sincero, planejado de forma colaborativa com o anunciante, além de útil e agradável para o ouvinte.

- **Cobranding** – Marcas diferentes podem colaborar em programas conjuntos. Uma rede de faculdades particulares pode se unir a uma fabricante de alimentos para falar sobre as contribuições do nutricionista para a produção de comida saudável. Ao mesmo tempo que o episódio exalta a formação universitária em um curso de nutrição, também explora como tema o cuidado da fabricação de produtos de qualidade. A mesma lógica se aplica aos influenciadores e produtores de conteúdo, pois em cocriação vale a premissa de que 1+1=4. Leandro Karnal e Mário Sérgio Cortella não dividiram seus públicos a cada interação que já fizeram, muito ao contrário, apresentaram e duplicaram o potencial de espectadores de cada um a cada apresentação conjunta.

ATALHOS MENTAIS

A ntes de começar o assunto relacionado a este capítulo gostaria de dramatizar algumas situações hipotéticas envolvendo alguns atores com os quais, porventura, os leitores possam se identificar:

- **Esposa:** "Precisamos conversar".

- **Mães na década de 1990:** "Você não é todo mundo".

- **Mães na década de 1980:** "Se correr, é pior".

- **Memorando da empresa:** "O senhor deve passar no RH".

- **Professor:** "Guardem os cadernos e seus dispositivos eletrônicos. Hoje é dia de prova surpresa".

- **Desconhecido em uma rua deserta:** "Perdeu... perdeu!".

Existem frases que funcionam como atalhos emocionais, ativando áreas do cérebro que direcionam o sistema nervoso para ações de proteção, cuidado, excitação, fuga e até mesmo o impulso consumista. Nos últimos anos, com o desenvolvimento dos estudos que aliaram as neurociências ao consumo, tais "gatilhos mentais" foram popularizados para alinhar e treinar as equipes de vendas. Autores como Cialdini (2021) se dedicaram ao tema com aprofundamento. Sua obra original *Influence* foi traduzida para o Brasil com o título *As armas da persuasão*. Ao mesmo tempo, seu conceito de *shortcut* (atalho) foi apropriado com o nome de "gatilhos". Particularmente não gosto da expressão "gatilhos mentais". Prefiro utilizar "condições de argumentação" ou "estratégias discursivas persuasivas". Atalhos discursivos funcionam para ativar mecanismos de proteção e defesa, quase instintivos, agindo como motivadores para a obtenção de respostas rápidas na tomada de decisões. Mas estão longe de serem fórmulas mágicas de vendas e encantamento de pessoas. Listarei os mais conhecidos e utilizados, principalmente para reduzir as objeções nas propostas de vendas:

9.1 COMPARAÇÃO

O copo pode estar meio vazio ou meio cheio, dependendo do parâmetro. Por exemplo, um desconto de 50 mil em um imóvel anunciado por 500 mil pode parecer pouco, mas se você disser que o cliente praticamente está ganhando um carro novo de desconto, o valor já se torna mais atrativo. Posso vender uma esteira ergométrica doméstica dizendo que cada hora de caminhada reflete em benefícios para a saúde o equivalente a mais um dia de vida. Comparar os objetos das vendas com temas transversais, durante o processo persuasivo, pode levar a organização cerebral à criação de novas sinapses. O clássico comercial da Danone trazia em seu slogan a frase: "Danoninho vale por um bifinho". Com isso eles pretendiam amenizar a culpa das mães em oferecer um produto industrial pouco saudável aos seus filhos, com a promessa de oferecer características nutricionais semelhantes aos da carne.

Um smartphone, dentro dessa lógica comparativa, tem um preço que certamente carrega alta margem de lucro sobre os custos de produção, mas seu valor pode ser justificado pela economia de combustível e tempo, além de possibilitar a realização de novos negócios e novas relações pessoais. É comum ver consumidores justificando a compra de dispositivos móveis com o argumento de que o usarão para poder trabalhar com mais eficiência, ganhando tempo e dinheiro. Como mensurar o valor disso?

Ainda com base nessa perspectiva, você compraria uma bateria 10% mais cara, mas que rende 60% a mais que a média das concorrentes? Claro que sim! Da mesma forma, é mais efetivo vender um leitor Kindle dizendo que ele tem 16 Gigabytes de memória ou que é capaz de armazenar até 10 mil livros?

É melhor receber a notícia de que os resultados do exame foram bons ou que a sua saúde parece a de uma pessoa dez anos mais jovem?

Em um de seus lançamentos, as especulações em torno do novo Playstation diziam que ele teria velocidade 100 vezes maior que a versão anterior. Parece que funcionou o argumento para vender um dispositivo que custava quatro vezes mais que a sua versão anterior. Sem me estender, comparações servem como gatilhos persuasivos. Quando bem empregadas podem facilitar a mensuração dos valores oferecidos, de forma a reduzir os atritos que poderiam impedir as vendas.

9.2 RECIPROCIDADE

Ações promocionais de merchandising estão entre as mais efetivas para a conversão em vendas. Não é à toa que a degustação do produto ou até mesmo o *sampling*, que consiste na distribuição de amostras grátis, são formas tão eficazes para vender. Primeiro, porque quando o produto é realmente bom, tais ações funcionam melhor que qualquer publicidade sonora ou visual, justamente porque ativam outros canais sensoriais, como o tato, o paladar e o olfato. Segundo, porque geralmente acionam o gatilho da reciprocidade, uma vez que consumidores muitas vezes sentem-se constrangidos em não retribuir a gentileza dos promotores, que oferecem gratuitamente os produtos. É bastante rude ir como convidado para um jantar na casa de amigos ou colegas e não retribuir de alguma forma. Seja levando um vinho de presente ou retornando o convite para eventos futuros.

O marketing de conteúdo trabalha muito essa questão. É muito comum ouvir ou ler a seguinte frase: "Se você gostou dessas dicas, deixo aqui o meu muito obrigado e peço que curta a postagem e me siga nas redes sociais". O conteúdo é feito gratuitamente e muitas vezes os espectadores se sentem obrigados a retribuir a gentileza do apresentador com comentários, curtidas, compartilhamentos e inscrições, que ajudam os algoritmos da mídia social na promoção do canal e no consequente fortalecimento da marca.

9.3 FAMILIARIDADE

Todo gestor precisa saber que sua marca deve ser humanizada e isso implica na sensibilização em torno das dores do cliente. Quando uma empresa cria uma história que gera empatia, certamente estreita os laços que levarão aos objetivos esperados. Não é à toa que as legiões de gurus digitais convencem seus seguidores contando suas histórias de superação: "eu tinha 150 kg", "eu nasci em uma família pobre e vivia em uma pequena casa com oito irmãos", "eu havia acabado de me divorciar e perder meu emprego... quando resolvi dar um rumo em minha vida". Ativar a aproximação com clientes por meio da familiaridade facilita o processo de comunicação. De maneira parecida, começar uma entrevista de emprego, ou uma abordagem de vendas indo diretamente ao objetivo, não tem a mesma eficácia de uma conversa preliminar informal sobre aspectos comuns entre os interlocutores. Falar sobre os filhos, os times de futebol, a decoração da sala, as perspectivas políticas em comum, pode quebrar a tensão em torno da negociação e gerar confiança.

9.4 PROVA SOCIAL

Quando terminei de escrever o *Faixa Preta em Publicidade e Propaganda* pedi para que três ex-alunos escrevessem depoimentos sobre o livro. Sávio é um dos principais estrategistas do Google no Brasil, Gustavo Daher foi premiado por dois anos seguidos entre os três principais profissionais de *e-commerce* no país, e Danielle Conti era supervisora de mídia na Ogilvy, uma das mais relevantes agências de propaganda no mundo. As frases foram impressas na última capa do livro e também entraram nos canais digitais de divulgação. Certamente tais "provas sociais" endossaram a relevância da obra para os públicos que não me conheciam. Da mesma forma, a assessoria de imprensa é fundamental, pois a menção positiva em uma reportagem, na maioria das vezes passa mais confiança e verdade que a publicidade paga.

Por isso discordo dos publicitários que repetem que os prêmios não são importantes. Isso é discurso de falsa modéstia ou recalque por não ter prêmios. A premiação é um excelente canal de propaganda, uma vez que se torna prova social da relevância e do reconhecimento do trabalho. Sabemos que a saúde já é o melhor prêmio para a vida das crianças, mas as medalhas em competições esportivas funcionam como gatilhos de prova social, que melhoram a autoestima e o reconhecimento pelo esforço nas atividades.

9.5 AUTORIDADE

Algumas pessoas, como eu, escutam seus médicos antes de tomar qualquer medicação. Outras escutam o farmacêutico, o pajé, a antiga tia-avó com suas receitas milagrosas retiradas do grupo do WhatsApp e há até quem ouça alguma celebridade digital ou o Presidente da República, mas de toda forma ouvem pessoas que acreditam ter uma autoridade.

A pasta de dentes é recomendada pelos dentistas, a chuteira é a favorita do Neymar e o batom é indicado pela Beyoncé. Por isso é crescente o uso de influenciadores digitais para atestar o valor das marcas, uma vez que tentam construir cotidianamente autoridade sobre os assuntos que discorrem. Os que conseguem fazer isso de forma natural, construindo um *briefing* em cocriação com a agência e o anunciante, certamente terão mais chances de converter a comunicação nas métricas esperadas. Listarei alguns tipos de argumentação utilizadas com base na autoridade:

- **Grandiosidade** – A maior fazenda produtora de café ou o maior parque de diversões da Flórida.
- **Títulos** – Livro escrito pelo vencedor do prêmio Nobel de Literatura.
- **Pioneirismo** – Primeiro fabricante a comercializar o automóvel anfíbio alimentado por energia solar.
- **Quantidade** – Um milhão de cópias vendidas.

9.6 COMPROMETIMENTO

Ao trocar o automóvel sempre pesquiso bastante marcas e concessionárias. Certa vez uma vendedora disse que se lembrava da minha visita à loja três anos antes e complementou que eu havia sido atendido por ela, mas comprado um carro de outra marca. Completou dizendo que ficou decepcionada por não ter conseguido me convencer de que o seu produto era melhor e me desafiou a um compromisso: "você pode pesquisar as outras marcas, mas, por favor, antes de fechar qualquer negócio, volte aqui". A estratégia funcionou, pois me senti constrangido em tomar o tempo dela e não voltar após ter pesquisado todas as opções de compra. E eu havia dado a minha palavra de honra, dizendo que voltaria. Com base em toda a minha jornada pela procura do produto, ela conseguiu reunir as informações, os argumentos e as condições para vender o automóvel.

Ainda sobre a mesma lógica, considero os planos de assinatura a descoberta estratégica do século. Confesso que me tornei um viciado em assinaturas: já assinei a Tag Curadoria, o PS Plus, o Xbox Live Gold, o Xbox Game Pass, o Spotify, a Amazon Prime, a Netflix, o Globoplay, a HBO Max, a Wine, o Leiturinha, entre outros. Todos esses serviços têm algo em comum: conseguiram conquistar o meu comprometimento com as mensalidades diluídas em um plano anual.

Este gatilho mental leva também em consideração a ética pessoal em torno da oferta das empresas. Por exemplo, pessoas veganas tendem a aceitar pagar um pouco mais por cosméticos que não usam animais em testes e pessoas que se identificam com políticas da esquerda tendem a aceitar melhor as empresas que promovem o respeito às diferenças. Há comprometimento dos públicos com os artistas que amam, com a comunidade onde vivem, com os valores religiosos ou com os seus times de futebol. Para isso existe a pesquisa em publicidade, justamente para tentar capturar a alma ou psique dos públicos, atraindo pelos aspectos da familiaridade e engajando pelo comprometimento forjado em seus valores.

9.7 ESCASSEZ

Na loja:

"Acho que vou pensar um pouco mais antes de comprar esse novo console da Nintendo. Obrigado pelo seu atendimento. Volto amanhã."
"Tudo bem, senhor. Ontem chegou um carregamento com 20 desses, mas só tenho mais duas unidades no estoque. Não sei quando vou receber outro carregamento do mesmo produto. Quer deixar o seu telefone?"
"Pensando bem, acho que vou levar!"

Sabe como algumas pessoas fazem para encher aquela palestra gratuita que visa a promover um palestrante que ninguém conhece? O promotor visita uma sala de aula na faculdade e diz que tem somente dois ingressos para sortear. Depois recolhe o telefone de todos os estudantes e diz que entrará em contato, caso consiga mais convites, mas que as vagas já estavam praticamente esgotadas. Depois de alguns dias, entram em contato e dizem que conseguiram as vagas.

Tenho que confessar. Comprei uma casa quando utilizaram esse gatilho. Em um condomínio de 455 unidades, o corretor de imóveis me informou que a última casa havia voltado para venda, pois o proponente anterior não tinha apresentado a documentação necessária. Eu havia acabado de tomar posse como professor no curso de publicidade e propaganda na Universidade Federal de Santa Maria (UFSM), mas pretendia alugar um imóvel para conhecer bem o mercado imobiliário local antes de dar um passo adiante. Mas o fato de saber que a oportunidade era escassa, ajudou a me convencer a tomar tão séria decisão.

Mesmo sabendo como a publicidade e as vendas utilizam as suas artimanhas, devo ter feito centenas de compras por impulso durante a minha vida, graças ao argumento articulado pelos vendedores de que um produto está acabando na prateleira ou deixando o mercado.

Para quem ainda duvida da eficácia desse gatilho, basta observar as crianças para perceber como lutam pelo prêmio mais escasso, seja ele um brinquedo, uma comida ou a atenção de uma pessoa. Os neurotransmissores responsáveis pelas sensações de vitória, felicidade, sucesso e prazer são ativados em momentos de raridade. Por motivo similar, os itens de colecionadores valem tanto e as lojas com posicionamentos únicos geralmente conseguem vender peças mais caras.

9.8 CURIOSIDADE

Continuo insistindo no tema que envolve os clubes de assinatura. Um dos mais proeminentes fatores de sucesso do Playstation Plus, da Tag Livros e da Wine é justamente a expectativa gerada pelos itens mensais escolhidos pelos curadores. A surpresa faz parte da compra e, não obstante, o Kinder Ovo é vendido muitas vezes pelo valor de um rim e a boneca LoL é comercializada em troca da sua alma imortal. A surpresa parece não ter preço e isso alimenta as lojas que vendem alianças e as floriculturas, que não ganham dinheiro pelo valor de uso dos produtos, mas pela reação de quem recebe tais presentes. Ou seja, ninguém compra flores para presentear. Compramos a expectativa da emoção por parte de quem irá receber.

Alguns aplicativos se alimentam dessa lógica, desde o Tinder que vai surpreender os solteiros indicando um *match* em seus pares perfeitos ou os aplicativos com simuladores que atiçam a curiosidade: "Veja como você seria com 80 anos de idade", "Como você seria se fosse do sexo oposto", "Veja com qual artista famoso você se parece".

O uso da curiosidade não é novidade no jornalismo, que se tornou uma das maiores indústrias do mundo justamente pela necessidade humana de querer prestar atenção na vida dos outros. Somos seres sociais e a individualidade pura é uma falácia. A curiosidade também é cadeira cativa na publicidade, que usa os *teasers* há algumas décadas, em mídias tradicionais como *outdoor*, rádio ou TV. "Se quiser conhecer o novo Toyota, visite a concessionária"; "Hoje, às 23:59, a Sony irá revelar o novo modelo de Playstation em um evento online exclusivo para os 500 maiores especializados no segmento de games. E amanhã todos irão conhecer as novidades". Enfim, são inúmeras as possibilidades para atrair a atenção e conquistar o interesse por meio do gatilho da curiosidade.

9.9 STORYTELLING

Quem gosta dos memes e dos virais na internet certamente já deve ter conhecido as famosas abordagens de vendas do "gordão do trem". Se você nunca ouviu falar, precisa parar a leitura neste exato momento e procurar os vídeos publicados no YouTube. Somados, ultrapassam um milhão de visualizações e dezenas de publicações como mídia espontânea. Trata-se de um vendedor ambulante, que aborda os clientes em um metrô lotado. Muito mais que oferecer chocolates, a abordagem é feita de forma bem-humorada, por meio de contação de histórias que simulam situações cotidianas:

A cantoria começa enquanto ele bate palmas: "Não vem que não tem... não vem que não tem. Quem quer comprar barato, compra com o gordão do trem... se liga, meu amigo, preste muita atenção. O gordão do trem vai trazendo a promoção. Mas ele é muito chato, não deixa ninguém dormir e se ninguém comprar, vai falar até Japeri". E, assim, cessa a cantoria para começar um discurso, aos gritos, simulando a história dos passageiros que chegarão em casa, surpreendendo as suas esposas com o chocolate e a reação emocionada do filho ao ver a demonstração de amor do pai, que surpreenderá a mãe com essa deliciosa sobremesa inesperada.

O "gordão do trem" oferece muito mais do que produtos, oferece universos imaginários e lúdicos para os passageiros cansados da rotina. Os filmes viralizaram nas redes e o tornaram famoso, mesmo no universo aparentemente saturado e concorrente dos vendedores ambulantes. O que o diferenciou de todos os outros foi justamente a sua forma de contar histórias bem-humoradas, cativantes e que culminam com a resolução das dores dos clientes a partir do consumo do produto que ele vende.

9.10 ESPECIFICIDADE

Compare as seguintes frases:

> Cursinho X – A maioria dos nossos alunos passou no vestibular este ano.
>
> Cursinho Y – Este ano, 97,2% de nossos alunos foram aprovados no vestibular.
>
> Imobiliária A – Imóveis amplos e com preços que cabem no seu bolso.
>
> Imobiliária B – Imóveis de 148 m² com prestações a partir de meio salário-mínimo ao mês.

Não há muito o que dizer a este respeito. Apenas pense que quando você se comunica de forma específica, sua mensagem se torna mais confiável e verossímil. Dizer, de forma genérica, que a sua consultoria traz resultados aos clientes não tem muito impacto comunicativo. Porém, demonstrar aos seus *prospects* que os seus clientes atingiram, em média, um retorno de $ 22,80 a cada $ 1,00 investido, torna a mensagem mais clara e a sua oferta mais razoável.

PARTE TRÊS

ATIVAÇÃO DO MERCADO

FUNDAMENTOS DO MARKETING

Marketing, em uma tradução livre, significa mercado + gerúndio, ou seja, é um processo contínuo. Trata-se de uma atividade gerencial complexa que tenta administrar todo um ecossistema de mercado em atividade/movimento com vistas a atingir objetivos específicos. Simples assim? Não tanto quanto parece!

Essencialmente, o marketing consiste no trabalho de pesquisa, planejamento, execução e controle de diferentes fatores que constituem um dado mercado, para assim resolver problemas e atingir objetivos gerais e específicos. É uma atividade que envolve um sem-número de *players*, ou stakeholders (públicos de interesse), como: acionistas, consumidores (potenciais, interessados e engajados), influenciadores, fornecedores, formadores de opinião, colaboradores internos, concorrentes, mercados correlatos, sociedade civil e poderes públicos.

Engana-se quem repete o clichê sobre os objetivos do marketing voltados para o lucro. Na verdade, ele tem a função de produzir valores para todos os partícipes neste processo. De nada adianta ao empresário ter um imenso lucro financeiro ao abdicar de sua própria saúde, de seu tempo ou de sua felicidade. Pior ainda se o tão sonhado lucro ainda prejudicar os valores importantes para todos os envolvidos no mercado, como seus colaboradores, consumidores, concorrentes e a sociedade em geral.

O sono tranquilo, a felicidade, o bem-estar, o conforto, o *status*, a autorrealização, o reconhecimento social, o aproveitamento do tempo, a gratidão, a empatia, a segurança, a paz e a integridade são apenas alguns desses valores que devem ser produzidos e contabilizados como indicadores de performance das ações estratégicas. Vender sem entender o motivo não faz nenhum sentido. Esse foi inclusive o tema do Ted Talks que tive a oportunidade de participar como *speaker* em 2020. O *QR code* para acesso à palestra pode ser acessado no final desta lição.

Para fins didáticos, gosto de exemplificar as perspectivas de Philip Kotler sobre as eras do marketing abordadas em suas diferentes obras. Contextualizar o desenvolvimento histórico da atividade ajuda a compreender o cenário atual:

- **Marketing 1.0** – Focado no produto de forma que todo o processo gerencial era voltado para garantir a qualidade dos produtos e dos serviços, incluindo as políticas de preços, os pontos de vendas e as ações promocionais. Os famosos 4Ps, criados por Jerome McCarthy (1976) e popularizados nas diferentes obras de Kotler, imperaram durante muito tempo como clichês que visavam a aprimorar a produtividade e vender cada vez mais, para assim produzir lucro.

- **Marketing 2.0** – Voltado para os consumidores, tinha como premissa a satisfação e o atendimento aos desejos das pessoas. De nada adianta criar excelentes produtos para públicos que não estão dispostos a comprá-los. A linguagem persuasiva, característica do discurso publicitário, era usada para entrar no campo de crenças e valores dos consumidores, para então criar cenários propícios para as vendas, resultando, mais uma vez, em lucro. A pergunta primordial neste período era voltada ao pequeno rei, consumidor individual: O que você precisa que eu produza/entregue valor para atender às suas vontades?

- **Marketing 3.0** – Em tempos caracterizados pela ampliação e pela democratização dos canais de comunicação em redes, consumidores passaram a disseminar as suas vozes insatisfeitas e a revelar suas decepções com as marcas. Não bastaria então, para os anunciantes, criar universos imaginários sobre seus valores, mas, de fato, precisariam também se mostrar relevantes para o mundo. O comprador de um produto não se enxergava mais nessa relação interessada de consumo, mas como um sujeito de corpo e espírito, preocupado com os propósitos e as causas. Vender, nesse sentido, deveria se tornar consequência das ações de sustentabilidade, responsabilidade social, engajamento ambiental e combate à desigualdade.

- **Marketing 4.0** – Kotler, juntamente com Kartajaya e Setiawan (2017), aborda a importância da integração entre ações analógicas e digitais para a promoção dos valores em ecossistemas de mercado. Nesse sentido, a obra abriu caminho para a transformação omnichannel e um foco na transmidiação de discursos, como parte importante da transformação gerencial. Também volta a atenção para três públicos que determinarão o futuro dos negócios: as mulheres, os jovens e os *netizens* (cidadãos da internet). Particularmente, acredito que ele se equivoca ao focar nesses públicos, desconsiderando os estudos que me fazem acreditar que, no mundo, só há diferença. Há uma pluralidade de comportamentos e traços dentro de cada sujeito e por isso prefiro trabalhar com a ideia de *behavioral targeting*. Deixo aqui a classificação proposta por Kotler (2017), para fins didáticos, mas com o apontamento e a sugestão de que vejo como inapropriado classificar ou focar públicos em blocos tão óbvios e estáticos.

▫ **Marketing 5.0** – Resumidamente, é o marketing que utiliza os dados para a humanidade. Com todo o medo gerado pelas fantasmagorias imaginadas pela possibilidade de que as máquinas acabem com os empregos e dotem as corporações de poderes imensuráveis, controlem a política e colapsem a economia, os profissionais de marketing devem estudar formas de utilizar o poder do processamento dos dados para tornar o mundo um lugar melhor para todos.

Independentemente das perspectivas que tentam dividir a história em eras, gerações ou paradigmas, resumidamente podemos dizer que o marketing consiste em uma atividade caracterizada pela promoção de um trabalho estratégico e dinâmico, que envolve todo o mercado, sendo estruturado em um **PROCESSO CONTÍNUO** (e por isso marketing tem o sufixo "ing") que se divide basicamente em: 1. Análise do ecossistema de mercado; 2. Definição de objetivos e metas; 3. Plano de ações (estratégicas, operacionais e táticas), e 4. Controle de resultados.

Embora o marketing seja uma atividade bastante complexa, que diz respeito a toda uma cadeia contínua de projetos e processos, elaborei uma figura com algumas premissas que servem como um ponto de partida de como ele é, ou pelo menos deveria ser:

Figura 2 – As premissas do marketing

Fonte: Cláudio Rabelo (2022).

▫ **A análise do ecossistema de mercado** – Pode ser realizada a partir de diferentes metodologias, a exemplo da análise SWOT (forças, fraquezas, oportunidades e ameaças), uma das mais conhecidas. Nesta etapa do planejamento temos a intenção de construir um mapa com a nossa história, a realidade atual e os cenários possíveis. Quando passarmos a conhecer melhor não somente o nosso negócio, mas também todo o ecossistema que forma o mercado, poderemos então traçar os caminhos estratégicos mais pertinentes para resolver os problemas específicos que afligem as nossas marcas.

SWOT é uma sigla que resume a análise dos ambientes interno e externo. As forças (*strengths*) e as fraquezas (*weaknesses*) são os fatores microambientais, ou internos, controláveis pela própria empresa. Incluímos nessa análise as nossas capacidades qualitativas de produção, custos, preços, geração de negócios, limpeza/higienização, força de vendas, canais de distribuição, eficácia da comunicação, entre outros. Já as oportunidades (*opportunities*) e as ameaças (*threats*) são os fatores macroambientais, ou externos, que fogem ao controle das instituições. Neste caso incluímos, entre outros exemplos, as flutuações cambiais, as catástrofes ambientais, as mudanças climáticas, os movimentos dos mercados correlatos, as epidemias (e as pandemias), as transformações urbanas, as mudanças bruscas das tecnologias que movem nosso segmento de negócio, as novas legislações e as políticas internacionais.

Não basta listar nossas forças e fraquezas, ou identificar as oportunidades e as ameaças. Temos que transformar os dados em inteligência de mercado e assim questionar: Como as fraquezas podem ser aproveitadas como forças? E como as ameaças podem ser utilizadas como oportunidades?

O início da pandemia da Covid-19, por exemplo, representou uma ameaça para a maioria das empresas. Isso as motivou a enxergar a oportunidade latente em relação ao reforço do comércio eletrônico e à transformação digital como um todo, incluindo as entregas omnichannel, assim como a adoção do marketing de causas e as assinaturas de serviços.

Já no quesito microambiental, uma fabricante de alimentos pode identificar como uma fraqueza sua desvantagem em relação à concorrência, pela falta de equipamentos modernos, tecnologias inovadoras de produção e padronização dos produtos. Porém, tal aspecto pode ser direcionado para investir e comunicar seu diferencial baseado no cuidado artesanal.

Figura 3 – QR code para aula sobre análise SWOT

Análise SWOT na breve aula que ministrei sobre o assunto no YouTube.

Você pode acessar pelo link https://youtu.be/Wo2cJFgQMzM

Ou pelo *QR code*. Basta apontar a câmera do seu smartphone para a imagem.

Fonte: Cláudio Rabelo (2022).

▫ **Definição de objetivos e metas** – Parece óbvio dizer isso, mas os objetivos e as metas do marketing não são subjetivos. É um constante erro de gestão atribuir valores abstratos nesta etapa do planejamento. O profissional deve, ao realizar um plano de marketing, definir aonde pretende chegar, de maneira tangível e mensurável. Veja os exemplos no quadro a seguir:

Quadro 2 – Exemplos de objetivos no marketing

NÃO SÃO OBJETIVOS DO MARKETING	SÃO OBJETIVOS DO MARKETING
▫ Ampliar o lucro.	▫ Ampliar o lucro em 20% nos três próximos anos.
▫ Ser uma marca amada.	▫ Ser a marca mais mencionada regionalmente em pesquisa de *share of heart*.
▫ Ser uma marca lembrada.	▫ Ser a segunda marca mais lembrada nacionalmente na pesquisa de *recall* realizada pelo instituto X até o final do próximo ano.
▫ Vender mais.	▫ Vender 30% a mais que o ano anterior.

Fonte: Cláudio Rabelo (2022).

Importante ressaltar que os objetivos devem ser pautados a partir da análise realizada durante a pesquisa de situação. Quais foram os problemas identificados e que devem ser resolvidos? Clientes insatisfeitos? Queda nos lucros? Nova tecnologia que afeta o mercado? Equipe desmotivada? Produto obsoleto? Expressões como análise preditiva e *data driven marketing* (marketing orientado pelos dados) são cada vez mais comuns nos ambientes corporativos e, assim, ajudam a direcionar os objetivos de marketing. Claro, com a extrema sensibilidade humana para transformar dados em informação e informação em inteligência.

- **Plano de ações** – Deve especificar as estratégias (o que fazer) e as táticas (como fazer). É muito importante nesta etapa definir **quem** vai fazer **o quê**, **quando**, com que **métodos**, em qual **prazo** e com quais **custos**. Nossas estratégias podem envolver ações de precificação de produtos e de serviços; abordagens de comunicação que podem efetivar o valor da marca e a venda propriamente dita; a melhoria dos processos internos; a motivação dos diferentes stakeholders; as questões de infraestrutura logística e operacional; além de aspectos atinentes à melhoria da qualidade dos produtos; serviços oferecidos e experiência de ambiente. É importante ressaltar que cada tipo de ação deve se relacionar aos objetivos previamente estabelecidos.

O marketing se diferencia, por exemplo, do branding e do growth hacking justamente por ser altamente adaptável para as pessoas, os produtos, as instituições ou as ideias, independente de seus objetivos. Ao branding interessa principalmente criar e gerenciar o valor das marcas. O growth hacking tem o objetivo de promover o hipercrescimento, principalmente de empresas startups. Já o marketing pode ter diversos objetivos, justamente por trabalhar todo o ecossistema de mercado para atingir as metas criadas a partir das demandas identificadas na etapa de análise situacional.

- **Controles** – São os procedimentos necessários para averiguar, de tempos em tempos, o resultado das ações. A partir de então, poderemos avaliar se o plano está funcionando e, assim, realizar os ajustes. De nada adiantaria estabelecer objetivos e executar taticamente as estratégias se não conseguirmos avaliar os resultados. Por isso, gosto de intercalar os objetivos, que são finais, com as metas, que são pontos de atenção e funcionam como objetivos de curto prazo. Por exemplo:

- **Objetivo de vendas** – Atingir a marca de 500 mil unidades vendidas no quinto ano, após o início da execução do plano.

Metas de vendas:

» Vender 20 mil unidades até o final do primeiro ano;

» Vender 80 mil unidades até o final do segundo ano;

» Vender 150 mil unidades até o final do terceiro ano;

» Vender 300 mil unidades até o final do quarto ano.

A expressão *Key Performance Indicator* (KPI) é bastante recorrente para controlar resultados específicos no marketing digital. Devemos selecionar indicadores-chave de performance para verificar como andam os resultados. A taxa de abertura de e-mail por usuários, os cliques em anúncios, as conversões em vendas, as respostas aos questionários são apenas alguns dos indicadores-chave, que podem mensurar a performance das ações ou das campanhas executadas. Na etapa que se refere aos controles no plano de marketing, podemos eleger diferentes indicadores para medir os resultados do trabalho e direcionar as ações futuras. Diferentemente do que muita gente diz, o lucro não é o único objetivo do marketing, mas apenas um deles. Para compreender melhor essa perspectiva, peço que assista à breve palestra que ministrei no TEDx sobre o assunto:

Figura 4 – QR Code para a palestra TEDx sobre Marketing

Material complementar: Palestra de Cláudio Rabelo no TEDx sobre Marketing. Aponte a câmera do seu dispositivo para o *QR code*, ou acesse o link:

https://www.youtube.com/watch?v=r-2TQb5otrk&t=15s

Fonte: Cláudio Rabelo (2022).

GOLDEN CIRCLE

◀◀ Enquanto eles choram, eu vendo lenços". Por muito tempo essa frase popularizada pelo ícone da publicidade Nizan Guanaes, serviu como um verdadeiro lema para os profissionais da propaganda. Ela aponta para a suposta sagacidade natural dos estrategistas, que percebem a oportunidade diante das crises, para comercializar produtos que atendem a demandas específicas. Mas a frase não deve ser tomada ao pé da letra. Ele necessariamente não se refere ao produto, mas ao motivo. Não se trata de um fabricante de lenços que procura seus públicos chorosos, mas de um analista de mercado capaz de se adaptar às demandas ainda não exploradas diante das crises.

Então, cuidado: "se eles choram, eu vendo lenços"; "se eles têm sono, eu vendo colchões"; "se eles têm fome, eu vendo comida". Não se trata disso! Os estrategistas devem aprender a criar marcas, libertando suas almas que estão aprisionadas pelo produto.

Quando alguém chora, eu não vendo lenços. Eu procuro entender os motivos do choro e as possibilidades de negócios em torno daquilo que poderia evitá-lo ou amenizá-lo. Eu abriria farmácias para vender remédios reguladores de humor, criaria parques de diversões, escreveria livros de autoajuda, venderia palestras motivacionais, ampliaria redes de clínicas psiquiátricas, empresas que emprestam dinheiro ou aproveitaria quaisquer demandas identificadas em torno das causas ou das consequências no ecossistema do mercado do choro.

E é isso que a Disney faz: ela vende sonhos que se transformam em realidade, em forma de parques de diversões, canais de televisão, revistas em quadrinhos, desenhos animados, restaurantes temáticos, brinquedos, materiais escolares, videogames e uma série de outros produtos que vendem o "porquê" da sua existência. Ela existe porque as pessoas querem sonhar!

Seres humanos choram atravessados pelos afetos da alegria ou da tristeza, choram por motivos externos ou por reações bioquímicas do organismo. Vender lenços é apenas a ponta do iceberg diante das possibilidades para resolver ou amenizar o problema. E isso não é nenhuma novidade. O clássico texto escrito por Theodore Levitt (1990), considerado um dos principais textos já publicados pela *Harvard Business Review*, já apontava para a *Miopia em Marketing*, analisando alguns mercados que morreram por falta do entendimento daquilo que vendiam. Das empresas que exploraram estradas de ferro, passando pelos operadores de telégrafos a fabricantes de fitas cassete e CD-ROM, todos cometeram o mesmo equívoco ao acreditar que vendiam produtos e serviços. Simon Sinek (2018) abordou a mesma questão ao indicar o erro de começar pelo "o que". Você não deve dizer o que vende, mas perguntar "por quê" vende.

Uma saladeria não existe simplesmente porque as pessoas querem comer legumes, mas se justifica comercialmente porque os consumidores procuram soluções de alimentação mais saudáveis, saborosas, ágeis e versáteis, para que possam viver mais, produzir melhor e ampliar a autoestima. Ela vende saladas também porque as pessoas não querem perder tempo comprando alimentos que precisam ser preparados. Além disso, são produtos de alta perecibilidade, que não podem ser estocados por longos períodos. Assim, para montar um prato colorido e completo em casa, além de mais caro, tomaria muito tempo para o preparo e haveria altíssima possibilidade de desperdício de produtos.

Simon Sinek (2018) escreveu o clássico *Comece pelo Porquê* apresentando o conceito do golden circle. Para o autor, a maioria das empresas explica aos colaboradores e aos demais stakeholders a razão daquilo que vendem começando pela pergunta errada. Elas perguntam "o que" enquanto deveriam começar compreendendo o "porquê". O que eu vendo? Sorvete? Isso é muito óbvio e não comunica nenhum sinal de diferenciação. Vamos às perguntas:

- Por que as pessoas precisam de sorveterias?
  » Porque elas querem ter sensações gustativas de prazer, compartilhar momentos felizes e agradáveis em espaços de sociabilidade, principalmente para amenizar o desconforto dos dias quentes. Querem aproveitar o tempo com encontros de família, amigos ou criar a expectativa de relacionamentos amorosos.
- Por que as pessoas precisam de colchões?
  » Porque têm a necessidade de recuperar a energia corporal e, consequentemente, melhorar o humor, as relações interpessoais, a produtividade laboral e o desempenho do corpo e da mente.

Para o autor, ao começar pelo "porquê" (os objetivos e valores), seguido pelo "como" (os processos), fica mais fácil entender "o que" (a entrega). O golden circle é o modelo que explica esta lógica, que divide em camadas o caminho para comunicar o propósito da empresa.

A Ford, por exemplo, deve compreender que não produz apenas carros, mas soluções de mobilidade. A partir daí pode passar a explorar esse ecossistema de negócios, atuando na construção de túneis, desenvolvendo softwares de mobilidade urbana, soluções logísticas que envolvam drones, dirigíveis, bicicletas ou robôs subterrâneos. Pode também se tornar proprietária de vias aéreas e fluviais, concessionárias rodoviárias ou criar serviços de assinaturas para aluguel de veículos elétricos e mecânicos, como bicicletas e patinetes. É possível que a empresa passe a atuar na otimização de redes que interligam o transporte, a hospedagem e a alimentação, com bancos de dados direcionados para o turismo e os negócios. Imagine que a Ford pode se tornar criadora e detentora da patente do principal software utilizado para treinar motoristas, pilotos, navegadores e astronautas. São infinitas as possibilidades para continuar crescendo no mercado da mobilidade, mesmo que um dia o carro se torne um item obsoleto ou indesejado.

A Faber-Castell, por exemplo, já deve ter descoberto que não vende caixas de lápis de cor. Ela vende ferramentas que auxiliam as pessoas a libertarem seus potenciais lúdicos, criativos e artísticos. Tais ferramentas podem ser vendidas na forma de grafites coloridos adaptados em suportes de madeira (lápis), mas também sob a forma de softwares gráficos, mesas digitalizadoras ou câmeras fotográficas. A marca é tão poderosa que ainda poderia comercializar cursos online e se tornar detentora de museus, ou centros universitários que ensinem artes visuais, cinema e teatro, mantendo-se forte mesmo que, por algum mottivo, os materiais analógicos de desenho se tornem proibidos ou obsoletos. Acredito, inclusive, que ela deixou passar uma excelente oportunidade de se tornar a Adobe e dominar o mercado que a empresa de software domina.

PROPOSTA DE REFLEXÃO E EXERCÍCIO

Levando em consideração que você é o estrategista de um importante fabricante de videogames (consoles e jogos), responda:

1) Qual "o porquê" de sua existência? (Por qual razão as pessoas precisam do tipo de serviço que a sua marca tem a oferecer? Quais são os seus objetivos e valores?)

2) Como sua marca seria capaz de resolver os problemas relacionados às dores dos clientes? Liste os processos capazes de fazer isso.

3) O que ela vende? (Entrega)

Chave de resposta:

1) Existimos porque as pessoas precisam viver experiências corporais e mentais que envolvam sensações que as façam sair da zona de conforto, porém de forma segura. Querem sentir emoções simuladas, porém seguras, de medo, insegurança, felicidade, amor, entre outras formas de tirar férias momentâneas do próprio ego. Precisam também testar suas mentes com desafios de raciocínio, inteligência e conhecimento. Querem administrar o tempo livre e escasso com diversão interativa e *indoor*;

2) Nossa marca fabrica muito mais do que consoles de videogames, mas universos ficcionais e imersivos adaptados ao tempo, aos sonhos e aos desejos dos usuários. O console é o ponto de partida, com uma plataforma de jogos por *streaming*, conexão com mídias sociais e expansão com vestíveis, como smartwatches, pulseiras RFID, óculos com suporte para realidade virtual e aumentada, além de acessórios, como raquetes, pistolas, volantes de direção e controles especiais adaptados para pessoas com deficiência. Em um futuro próximo, criaremos parques de diversões, museus virtuais e novas experiências de cinema, com obras clássicas e novas de aventura, drama, romance, ficção científica, terror e documentário, colocando o usuário como testemunha no interior da narrativa, por meio de tecnologia que envolve a realidade virtual. Temos também a oportunidade para criar o principal software que ajudará os usuários para a engenharia de avatares, moda, arquitetura e design em geral no metaverso;

3) Vendemos a possibilidade para que os usuários dos nossos serviços possam viver experiências interconectadas, individuais ou coletivas, de ludicidade, entretenimento e desafio; imersivas, únicas e diferenciadas de suas vidas cotidianas, em quaisquer ambientes que puder e quiser.

MAPA DE STAKEHOLDERS

Stakeholders são todos os públicos que mantêm pontos de comunicação e contato com a sua marca. Por isso, nossas abordagens, interfaces, tecnologias e nossos processos devem ser customizados para atender a cada um deles. Por exemplo, uma confeitaria especializada em bolos e tortas pode atender a públicos distintos. Clientes que compram o produto para consumo diário, no café da tarde. Já as noivas estão interessadas em bolos para eternizar suas festas de casamento e as debutantes querem o produto para impressionar as amigas no aniversário. A loja pode dar descontos em contratos mensais, para empresas interessadas no fornecimento de lanches corporativos ou disponibilizar produtos customizados para a venda em lanchonetes parceiras.

Além de ter que administrar os diferentes tipos de clientes, a loja terá fornecedores, que incluem aqueles que prestam serviços de comunicação e marketing, design, decoração, consultas jurídicas e de contabilidade, manutenção de infraestrutura e fornecimento de insumos necessários para a fabricação dos produtos. Se estiver em um shopping ou centro comercial, deverá lidar com a administração geral, o condomínio e as lojas vizinhas.

Concorrentes, novos entrantes e substitutos também são três categorias de stakeholders, ou pontos de atenção, que entram no clássico modelo de diamante de Michael Porter e que podem funcionar como *clusters* em mercados concentrados. Sindicatos e associações, por exemplo, podem criar prêmios que aumentam a visibilidade do mercado, como é o caso do Festival de Criatividade de Cannes e do Oscar. Supostos concorrentes também podem colaborar com a compra coletiva de insumos, ou a criação de modelos sustentáveis, leais e saudáveis de concorrência. Por isso, não podemos ignorar os supostos concorrentes em nossos planos de comunicação. Tente convidar aquele que você acredita ser um rival para tomar um café e veja como vocês podem prosperar. Já abordei em uma lição específica sobre a concorrência, no *Faixa Preta em Publicidade e Propaganda*, a abordagem que mostra que o inimigo da casa de bolos não é a doceria da esquina, mas o personal trainer, os nutricionistas ou os influenciadores digitais fitness.

O público interno é um dos principais tipos de stakeholder. Não é à toa que o endomarketing dispara entre as demandas relacionadas aos treinamentos corporativos. Embora a questão seja muito mais complexa, já ouvi de um sem-número de gestores, que seus problemas de vendas são causados pelo despreparo ou pela desmotivação dos seus funcionários. Saber identificar e se comunicar com cada um daqueles que formam seu público interno, deve ajudar sobremaneira a forma pela qual os resultados podem ser alcançados. Os responsáveis pelas compras dos produtos, pela limpeza do espaço físico, pela contabilidade, pela manutenção dos canais digitais, pelo atendimento ao cliente na loja, ao telefone ou através de mídias sociais precisam estar alinhados à estrutura de gestão, assim como os valores e propósitos da empresa. Não adianta ter o melhor confeiteiro em uma loja que não tem o atendimento qualificado em balcão ou ao telefone, ou onde a cozinha seja suja e a contabilidade seja falha. Coloque seu público interno no mapa e identifique as abordagens, os interesses e as dores que dizem respeito a cada um deles.

Acionistas, presidentes, diretores, gerentes e coordenadores também possuem canais e interesses específicos para o diálogo. Não faz muito sentido falar ao acionista que você precisa desenvolver um aplicativo mobile mais moderno. A ele interessa quanto ampliará a receita com essa mudança. Aos gerentes, convém saber como a nova tecnologia impactará na dinâmica do trabalho, tornará as entregas mais ágeis, reduzirá as perdas e, também, como irá aprimorar a qualidade de vida na rotina dos trabalhadores.

Canais de propagação também são importantes tipos de stakeholders. As marcas precisam administrar linguagens, abordagens e canais específicos para falar com veículos de comunicação especializados (como as revistas de culinária) ou a imprensa noticiosa comum. Também devem saber mapear as celebridades e os influenciadores digitais que afetam ou podem afetar o mercado em questão.

Mapear os stakeholders pode parecer fácil. Muitos podem acreditar que bastaria abrir as portas de uma confeitaria e promover mensagens publicitárias desesperadas por vendas para um único público. Devemos nos lembrar também das importantes relações com a comunidade. Como lidar com as pessoas que procuram oportunidades de emprego? Temos canais de comunicação e acesso aos usuários com deficiência? Respeitamos e nos comunicamos bem com todos os tipos de expressão das diferenças? Enfim, são inúmeros públicos distintos que se comunicam com as mais simples marcas. Criar um mapa que diferencie os interesses de cada um facilitará a criação de abordagens e sistemas de comunicação mais ágeis e eficazes.

PROPOSTA DE REFLEXÃO E EXERCÍCIO

Crie um mapa com seus principais stakeholders. Pode usar ferramentas como Trello, Microsoft Word, Excel, ou Adobe Illustrator. Se não tiver condições, pode desenhar à mão ou organizar um quadro com Post-Its. Liste seus stakeholders e seus principais interesses. Se quiser ampliar o exercício, pense em soluções estratégicas para atender cada demanda. Temos como ponto de partida:

- Públicos potenciais (quem se interessaria pelo que você tem a vender?).
- Clientes atuais.
- Público interno.
- Investidores e parceiros.
- Canais de mídia.
- Poderes públicos.
- Comunidade externa.
- Concorrência.
- Públicos com necessidades específicas.
- Outros.

INTRODUÇÃO AO MARKETING DIGITAL

A primeira coisa que você deve saber sobre marketing digital é que ele não existe. Calma! Antes de fechar o livro você deve pensar sobre dois questionamentos: O que é marketing e para que servem as interfaces digitais? O marketing é um processo gerencial complexo, que envolve pessoas, tecnologias, rotinas e linguagens. Ele administra um ecossistema de mercado com fins de atingir objetivos. Então, não faz sentido compartimentar o marketing em categorias como se as estratégias em mídias sociais, sites, e-mail, mecanismos de busca ou aplicativos estivessem dissociados da espacialidade urbana, da internet das coisas, ou das pessoas que convivem em cafeterias, estádios, escolas, meios de transporte e até mesmo confinadas em suas residências. Ninguém está preso dentro de um ciberespaço, termo cunhado por William Gibson (2016), cultuado autor do clássico de ficção científica *Neuromancer,* que inspirou narrativas como *Matrix* e *Jogador Número 1.* Não há um mundo online habitado por humanos desconectados da espacialidade concreta. As tecnologias digitais fazem parte da realidade propriamente dita.

Quando alguém acessa a internet utilizando um smartphone, enquanto passeia com seus amigos em um shopping center, não deixa, também, de interagir com as vitrines, comparar os preços, viver as experiências táteis, conversar com os vendedores e com as demais pessoas de carne e osso. Em resumo, o digital já deve ser contemplado organicamente como parte essencial do processo de marketing.

Não é à toa que até mesmo os pequenos empresários já repensam suas lógicas anteriormente baseadas em vendas locais, para finalmente contemplar as estratégias omnichannel. Além disso, passam a direcionar investimentos na força de vendas, integrando canais on e offline. Não basta mais aos vendedores de uma loja decorar a cartilha dos gatilhos mentais, que garantem uma "boa lábia", mas o conhecimento técnico para gerenciar o relacionamento com os clientes, a partir do uso inteligente da informação. Devem também fazer o uso planejado das mídias sociais e dos múltiplos canais para a produção de conteúdo, gerenciamento do relacionamento com os clientes (CRM) e conversão em vendas.

Prefiro, em vez de marketing digital, utilizar a expressão estratégias com interfaces digitais, uma vez que o digital é inextricavelmente um espaço de mediação indissociável da vida urbana. O digital está no cartão de crédito utilizado no supermercado, nos *QR Codes* estampados *displays* dos balcões de pagamento, ou impressos nas vitrines inteligentes das lojas. A internet é vestível e está nos smartwatches, nos aparelhos utilizados para monitorar a performance de atletas nas academias de ginástica, nos assistentes pessoais eletrônicos como a Alexa e também nas interações pessoais que ocorrem mediadas por aplicativos que atendem demandas de mobilidade urbana (Uber), turismo (Airbnb) e afetividade (Tinder). Em síntese, nossa conexão com o ciberespaço é híbrida e plural. E, assim, está longe de ser dicotômica, tal qual o mundo imaginário criado por Gibson.

TRANSFORMAÇÃO DIGITAL

Para fins didáticos, devo aqui diferenciar dois importantes conceitos primordiais para formação de uma visão voltada à naturalização da presença digital mais efetiva: convergência e estratégia omnichannel.

Uso a **convergência** na perspectiva de Henry Jenkins (2008), que se refere principalmente aos conteúdos até então dispersos, mas que convergem em razão das culturas colaborativas, da inteligência coletiva e das narrativas transmídia. Estas, no caso, são aquelas que constroem universos discursivos, com múltiplas possibilidades de entrada. Essa forma de circulação de discurso possibilita o fortalecimento de marcas como a Marvel, que abandona o protagonismo narrativo de um único personagem e, assim, deixa também de criar adaptações para histórias fechadas, com início meio e fim para a construção de mundos narrativos, com múltiplos pontos de entradas. Desta forma, passa a envolver comunidades de fãs em torno de universos ficcionais construídos e amarrados em mídias diversas.

Para Jenkins (2008), a convergência não se trata de confluência de tecnologias em uma única mídia, capaz de reproduzir diferentes funções. Muito ao contrário, é justamente o fluxo de conteúdos dispersos e que são acessados pelos usuários em distintos pontos de contato. Assim, um fã do Homem-Aranha pode começar a assistir parte da saga dos Vingadores pelo cinema, ler um gibi da franquia "Secret Wars" pelo tablet, acessar um trailer de um desenho animado antigo pelo YouTube e jogar no PlayStation um game protagonizado pelo Venon, com a participação do herói aracnídeo. Comunidades de outros fãs compartilham suas teorias sobre os personagens em fóruns de discussão e tiktokers criam virais com a fantasia do herói. A franquia se fortalece não por meio de adaptações de uma mesma história, mas por narrativas mutantes, que atravessam mídias diferentes, com formatos distintos e envolvem os fãs.

Longe de mim parecer deselegante. Não pretendo usar o argumento a seguir como um autor, mas como um leitor assíduo. Não deixa de ser um alento nesses tempos de saturação informacional a possibilidade de acesso ao Google durante as minhas leituras. Já como autor, muitas vezes posso ir direto ao ponto e evitar longas notas de rodapé para explicar, por exemplo, o que é um cartão RFID. Também não vejo sentido em publicar um link que explique o significado da sigla, uma vez que o próprio Google ou até mesmo a Alexa, por voz, já podem responder isso rapidamente. E essa é uma característica primordial da cultura da convergência: a facilidade de acesso à informação criada pelos canais oficiais das marcas, mas também pelos públicos apaixonados e engajados pelos diferentes temas.

Por isso, entender sobre a cultura da convergência é fundamental para que as diferentes instituições possam ampliar suas presenças nas ambiências digitais a partir da criação de comunidades engajadas, do investimento na cultura colaborativa e do tratamento profissional às técnicas de storytelling e copy, de forma a se comunicar com a linguagem de cada público tendo em vista a etapa em que se encontra na jornada de consumo.

Já a estratégia omnichannel (todos os canais) se refere ao aspecto logístico das marcas, ou seja, a criação de uma estrutura que garanta por meio das experiências de usabilidade, a promoção de interfaces amigáveis e inteligência de dados, a fim de facilitar a entrega das promessas das marcas de acordo com os anseios dos clientes. Tratarei disto em uma lição específica, porém atento, mais uma vez, para a indissociabilidade entre os diferentes assuntos abordados. Neste caso, as estratégias omnichannel nos servem para ilustrar a importância da presença digital durante as entregas.

A compra de um produto físico, por exemplo, pode ser efetuada no caixa da loja; em um aplicativo de celular; por comando de voz compatível com a Alexa, o Google Assistant, a Siri ou a Cortana da Microsoft; pelo site acessado por um computador pessoal; um totem eletrônico; ou pelo *QR code* instalado em qualquer ponto de uma cidade. Quanto à entrega, o produto pode ser retirado na loja, recebido em casa ou enviado como presente, inclusive com mensagem e embalagem personalizadas. Em relação aos infoprodutos, como a assinatura de um canal de TV por *streaming* ou um curso online de inglês, também há uma gama de possibilidades acerca das modalidades de compra, precificação e entrega.

De toda forma, precisei abordar os dois conceitos: a convergência principalmente relacionada aos conteúdos e o omnichannel atribuído aos canais, para introduzir o assunto da transformação digital. Afinal de contas, se você não encontrar o seu cliente nas mídias que ele costuma consumir, não entender suas dores ou falar a sua linguagem, tampouco oferecer interfaces amigáveis de relacionamento, certamente algum concorrente estará disposto a suprir essa demanda.

Os usuários acessam o Google para realizar aproximadamente 50 mil pesquisas por segundo. Além disso, também procuram diretamente por informação e produtos em sites como Amazon, Americanas, Magazine Luiza, Wikipédia, Mercado Livre, Udemy, Hotmart, entre outros. Há uma indescritível oportunidade para o comércio em nichos, que usam muitas destas plataformas como vitrines ou canais de vendas, mas a presença digital deve garantir que eles sejam encontrados em meio ao turbilhão de mensagens concorrentes que gritam, a todo instante, por atenção.

Embora todo este livro tenha como proposta orientar o leitor para um caminho de transformação global da marca, incluindo a integração de forma indissociável com todo o universo físico e perceptual que envolve sua estratégia, é importante contextualizar nesta lição específica o que consiste manter uma presença no universo online. No caso dos buscadores, seus algoritmos encontram textos, artigos, comentários, links, fotografias, vídeos, palestras, páginas, produtos, grupos, fóruns, documentos, *gifs*, entre diferentes outros tipos de linguagem e formato. Os *bots* também controlam informações de e-mail, gastos no cartão de crédito, deslocamento físico a partir de dispositivos de geolocalização e até mesmo dados biométricos e hápticos, como os batimentos cardíacos, a oxigenação do sangue, a mudança de humor, as impressões digitais e o tom de voz. E na internet há gente querendo aparecer de sobra, nem que tenha que alimentar o sistema com seus dados de forma inimaginável. Até mesmo aqueles que preferem o anonimato não estão protegidos do poder de vigilância, controle e manipulação dos dados. Nem George Orwell (2009) poderia imaginar enquanto escrevia a primeira versão do seu clássico em 1948, um pós-1984 tão distópico. Foucault (1987), por exemplo, inspirou seu conceito de panóptico, para explicar o controle subserviente das massas, no jurista Jeremy Bentham, que em 1785 concebeu um modelo de prisão perfeito, em que apenas um policial seria capaz de vigiar todos os presos em diferentes alas e andares do prédio, sem que eles soubessem se estavam ou não sendo observados. A sensação de insegurança os manteria retraídos e em constante estado de tensão e controle. Hoje, as pessoas literalmente parecem estar sorrindo e anestesiados com suas danças replicadas nos aplicativos esterilizados, como o TikTok. Estão sendo filmadas a todo o momento e parecem gostar e ter dependência desse tipo de exposição. Ao mesmo tempo, nunca choraram tanto diante da ampliação das pandemias de estresse, depressão, ansiedade e problemas correlatos. A transformação digital deve matar os dois coelhos, ou seja, contemplar ambas as perspectivas: usar os dados disponíveis para atingir objetivos estratégicos das marcas, ao mesmo tempo que utiliza a informação com responsabilidade e o propósito real de melhorar a vida das pessoas. Esta parece ser a nossa última chance para salvar o futuro do planeta.

Os dispositivos de telefonia móvel, os assistentes pessoais eletrônicos, os videogames, os serviços de *streaming*, os smartwatches, as "casas inteligentes" e a internet das (nas) coisas, já remodelaram há um bom tempo os hábitos de consumo, incluindo a política, a religião e a educação. Não haveria páginas suficientes, além do que fugiria de nosso foco abordar em perspectivas apocalípticas ou integradas em torno dos remédios e venenos que vão delinear a cibercultura. Em vez disso, prefiro atentar os leitores para a amplitude dos temas e das oportunidades pontuais que podem ser aproveitados para promover a sensação de inclusão neste universo tão complexo e constantemente mutante. Portanto, não faz muito sentido pensar em gerenciar lojas, por menor que sejam, nos moldes tradicionais: como se fossem balcões físicos à espera de clientes que venham a pé, olhar a vitrine e esperar a abordagem direta dos vendedores. São muitas possibilidades e canais, que de tão populares, já se tornam financeiramente acessíveis até mesmo para os pequenos negócios. Ampliaremos nas lições posteriores o tema sobre as diferentes estratégias que garantam a presença, digital ou não, das marcas.

ANÁLISE PREDITIVA

A análise preditiva, como o próprio nome já diz, é a capacidade de prever os comportamentos dos consumidores com base na inteligência de dados. Machine learning ou, aprendizagem da máquina, é uma das principais maneiras de observar, com as curvas das mudanças, e descobrir o que está por vir. Por exemplo, os sistemas instalados para os hipermercados são capazes de identificar que todas as vezes que as castanhas entram em promoção, as vendas dos vinhos aumentam em média 12,8 %. Ou que a música ambiente ininterrupta, combinada à climatização em 22 °C ampliam em 18,7 % as vendas sobre a média de outras condições de ambientação. Certamente identificaram que as caixas de cervejas dispostas em diferentes pontos da loja, ampliam a possibilidade de vendas em 38 % em relação aos períodos em que o produto fica disposto apenas no setor de bebidas alcoólicas.

É possível que uma grande construtora consiga analisar dados com altíssima precisão e identificar a variação dos preços nos materiais de construção, a curva de valorização dos terrenos nas diferentes regiões de uma determinada cidade, as mudanças de salário e carreira de seus públicos almejados, as tendências de compras de imóveis e a curva de crescimento da cidade em relação aos investimentos públicos em infraestrutura urbana. As informações serviriam como subsídios para a tomada de decisões em relação aos futuros projetos (*data driven marketing*). Seria melhor construir um condomínio de casas, um shopping center ou um prédio? É mais sábio iniciar um projeto de um imóvel com unidades menores a preços populares ou direcionar o foco para o mercado de luxo? Os dados podem direcionar com altíssimo grau de precisão as decisões estratégicas nesse sentido.

Os autores Agrawal, Gans e Goldfarb (2018) concordam no livro *Máquinas preditivas: a simples economia da inteligência artificial* com a ideia de que "os dados são o novo petróleo". Eles ressaltam, por exemplo, que compramos em média pelo menos um a cada vinte produtos sugeridos pela Amazon. E que o índice tende a aumentar a cada dia, pois o algoritmo leva a máquina ao aprendizado constante.

A análise preditiva é capaz de dizer se um eleitor está propenso a ouvir sobre meio ambiente, saúde, educação ou segurança. Se reagirá melhor à abordagem conservadora, liberal ou social em relação aos diferentes temas opinativos. Talvez por isso muitos candidatos tenham fugido do espaço de debate na TV aberta, em que deveriam expor um único discurso para a multidão. Na comunicação direcionada pelos algoritmos a história passa a ser outra, pois como cada grupo já tem uma reação previsível em relação a cada tema, os estrategistas de comunicação conseguem criar mensagens customizadas e direcionadas, com baixíssima taxa de rejeição.

De maneira parecida, serviços de *streaming* como a Netflix e até mesmo portais de jornalismo como a Globo.com, conseguem, entre milhares de possibilidades de conteúdos clicáveis, oferecer uma interface de apresentação customizada, como uma espécie de "home" ou página inicial, personalizada e com mais chances de conversão em cliques para cada usuário.

PARTE QUATRO

ATIVAÇÃO DA EXPERIÊNCIA

USER EXPERIENCE (UX)

Marketing experimental, marketing de serviços, design de serviços, branding e marketing de experiência são apenas algumas das ferramentas ou perspectivas que têm objetivos similares como encantar consumidores, ampliar o valor das marcas e converter relacionamentos comerciais em lucro e outros valores. Porém, a expressão User Experience (Experiência do Usuário), ou UX, tem chamado a minha atenção e até o momento é a perspectiva que melhor se encaixa naquilo que acredito ser essencial em propaganda. Em primeiro lugar, porque considero como usuário qualquer pessoa que se comunica com a marca por qualquer ponto de contato possível.

No caso de um restaurante, por exemplo, os clientes podem ser tratados como usuários, pois utilizam o serviço por múltiplos pontos de relacionamento, como os cardápios, as mídias sociais, os telefones, o mobiliário, a máquina de cartão de crédito, o banheiro, a publicidade, a decoração local, o site, o WhatsApp, além do diálogo com os garçons, os cozinheiros, o caixa e o gerente. No mesmo restaurante usuários podem ser os cozinheiros, que utilizam as panelas, as planilhas de controle dos estoques dos alimentos, os softwares que gerenciam a comunicação entre os garçons e a cozinha, os materiais de limpeza e as rotinas de segurança.

Nesse sentido, também podem ser considerados como usuários os acionistas, os fornecedores, os concorrentes, a imprensa especializada e os atores dos mercados correlatos, como os nutricionistas, os enólogos, os baristas, as editoras que publicam os livros de receitas, entre muitos outros.

Gosto de simplificar os públicos da seguinte maneira:

- Clientes compram seus produtos.
- Públicos são as pessoas que se comunicam com você.
- Personas, para a psicologia analítica, são máscaras da personalidade que usamos para agir de acordo com diferentes contextos sociais. No caso do marketing, as customer personas são simulacros de clientes ideais, ou seja, descrições fictícias que nos ajudam a simular contextos de atendimento e relacionamento.
- Usuário: qualquer pessoa capaz de se relacionar com a marca por qualquer ponto de contato possível.

Resumidamente, o UX visa a conhecer e administrar as relações entre todos os usuários possíveis de determinado produto ou serviço, assim como todos os infindáveis pontos de contato. Como o cardápio é um desses canais, sua simples adaptação visual e verbal pode agilizar as vendas e melhorar a experiência do consumidor, por meio de um entendimento rápido. Por exemplo, o McDonald's vende seus pacotes de produtos pelo número. Ao pedir uma promoção "número 1", o operador do caixa não precisa realizar uma operação complexa para saber que se trata de um Big Mac, um refrigerante de 500 ml e uma porção de batata frita de tamanho médio. Para simplificar ainda mais, o restaurante criou promoções fixas, organizadas pelos dias da semana, de maneira que muitos consumidores já mentalizaram a quarta-feira para comprar o sanduíche carro-chefe pela metade do preço.

Como já mencionei, trabalhar com UX envolve uma série de metodologias que objetivam melhorar a experiência dos usuários em todos os pontos de contato e isso envolve uma gama de procedimentos e metodologias específicos. Eu precisaria dedicar uma obra completa somente para esse assunto. Precisaríamos falar sobre design de interfaces (tipografia, cores, esboços, mecanismos de interação, acessibilidade), prototipagem, mapeamento de jornada do usuário, logística e comunicação.

O TRABALHO COM UX CONTEMPLA

- Ouvir o usuário e extrair suas necessidades.
- Criar produtos e processos capazes de facilitar a relação dos usuários com as marcas.
- Melhorar a comunicação em todos os pontos de contato.
- Trabalhar com o usuário no centro para a resolução dos problemas de usabilidade.
- Reduzir os atritos que impedem os usuários de aprenderem a utilizar produtos, serviços e pontos de contato com a marca.

Para síntese, criei uma tabela para fixar metodologicamente as etapas necessárias para o desenvolvimento de uma estratégia baseada em UX:

Figura 5 – User Experience (Experiência do Usuário)

Fonte: Cláudio Rabelo (2022).

Tomamos como exemplo uma companhia aérea, que deseja tornar os processos que envolvem o relacionamento com seus passageiros mais eficaz. Ela deverá atentar para as seguintes etapas:

1. **Identificar problemas:** O que precisa ser resolvido? O processo de compra, venda e relacionamento na venda de passagens. Acompanhamento e suporte ao cliente em toda a sua jornada, que inicia com a decisão de viajar até o retorno do destino escolhido.

2. **Estratégia:** Integrar os canais de vendas e relacionamento, simplificando a pesquisa, a compra e o uso da passagem.

3. **Geração de ideias:** Simplificação e minimalismo com o aplicativo; interligação dos canais de atendimento (WhatsApp, app, telefone, e-mail, chat) / automação de mensagens para acompanhamento das etapas / criar interfaces mais intuitivas e ágeis.

4. **Planejamento:** Divisão dos trabalhos para a realização do protótipo. Quem / vai fazer o quê? / Em quanto tempo? / Com quais recursos? / Com qual custo?

5. **Validação:** Teste do protótipo em curto prazo.

6. **Desenho:** Desenvolvimento da versão definitiva.

7. **Métricas:** Mensuração dos primeiros resultados em um público de teste.

8. **Lançamento:** Definição das estratégias, incluindo divulgação e aplicação.

Para trabalhar cada etapa de um trabalho de UX é possível utilizar várias ferramentas já existentes ou criar as próprias metodologias. Entre as mais conhecidas, podemos destacar:

- **Golden path** (Caminho feliz) – Escolhemos um problema específico e tentamos pontuar cada uma das etapas ideais utilizadas pelos usuários para atingir seus objetivos.

- **Brainstorming** – Indubitavelmente, o método criativo mais utilizado em todos os mercados que lidam com a economia criativa, o *brainstorming* – ou tempestade cerebral – consiste literalmente na junção caótica de ideias, sem julgamentos. Pode ser reunida uma equipe multidisciplinar, formada por especialistas, leigos, empresários, publicitários, biólogos, mães, padeiros, atletas, usuários de uma determinada marca, dentre outros. A heterogeneidade cognitiva, criativa e cultural é o vetor necessário para que as ideias saiam da zona de conforto. O grupo deve ter um número suficiente de pessoas que possam discutir sobre o problema, mas com o cuidado que as conversas paralelas não tornem o ambiente poluído. Vale enfatizar a importância de evitar a todo custo os julgamentos, pois uma ideia aparentemente estúpida pode ser o gatilho necessário para a solução que todos buscavam. Atribui-se a autoria da técnica de *brainstorming* a Alex Faickney Osborn, na década de 1940. Embora seja a mais tradicional, básica e simples maneira de discutir soluções para a economia criativa, o *brainstorming* não deixa de ser parte de métodos cocriativos que vêm se popularizando na atualidade, a exemplo do project model canvas, scrum, sprint e design thinking.

Alguns princípios devem nortear o momento da tempestade de ideias, destacando-se:

Quadro 3 – Princípios do *brainstorming*

Canalização – Quanto mais ideias convergirem para a solução de um mesmo problema, maiores serão as chances de resolvê-lo.
Inovação – As ideias devem se afastar do lugar comum e dos clichês. Os participantes devem buscar novos pontos de vista sobre o tema discutido.
Liberdade – Todas as propostas devem ser respeitadas e livremente compartilhadas.
Tangibilidade – As ideias devem procurar resolver problemas reais, portanto, é fundamental que sejam realizáveis.
Interatividade – Cada sugestão pode sofrer a complementação de outras ideias.

Fonte: Cláudio Rabelo (2022).

O filósofo francês Gilles Deleuze (1995), ao problematizar o conceito de rizoma, comparou a estrutura mental à raiz subterrânea, emaranhada e sem centro, onde todos os ramos parecem se conectar para dar sentido à estrutura. Assim, o pensamento não se manifesta por cadeias lineares, mas por conexões intersubjetivas e complexas. O que pretendo dizer reside no fato de que, por mais estúpida que pareça em princípio, qualquer palavra, frase ou ideia é capaz de se conectar com a experiências dos demais participantes do *brainstorming*, trazendo o inconsciente ao consciente.

- **Future press release** – Como seria a nota enviada para a imprensa explicando o seu produto ou a sua ideia, imaginando que já estivesse em pleno funcionamento? Lembre-se de detalhar as premissas: o quê, quem, quando, como, onde, para quem e demais detalhes.

- **Primeiro tuíte** – Como seria o primeiro tuíte caso o produto, a interface, o serviço ou a ideia tivesse acabado de ser lançado? Como explicar em poucas palavras quem somos e a que viemos.

- **Lightning talk** – Reúna duplas ou equipes e peça que façam palestras-relâmpago, de até 2 minutos explicando suas ideias inovadoras.

- **Benchmarking** – Consiste na análise e comparação entre características de produtos, serviços, tecnologias e processos. Diferentemente do que muitos pensam, não se trata de copiar práticas de sucesso, mas, além disso, buscar aprimorar, inovar e criar diferenciação, após a análise das melhores práticas.

- **Ecossistema** – Criar um painel posicionando a figura do usuário no centro para, em seguida, apontar linhas em direção a todos os tipos possíveis de conexão que ele possa ter com o nosso produto ou a nossa marca: e-mail, WhatsApp, site, anúncios em TV aberta, loja física, blog, site, call center, SMS, mídias sociais, aplicativo etc.

- **Taxonomia** – Lineu (1707-1778) é considerado o pai da taxonomia moderna. Nunca me esquecerei da técnica do REFICOFAGE aprendida na época do pré-vestibular para classificar a taxonomia dos seres vivos, que na ocasião, se dividia em forma de árvore em reino, filo, classe, ordem, família, gênero e espécie. Hoje em dia a subdivisão é mais ampla, mas isso não vem ao caso agora. A mesma técnica foi abraçada pelos especialistas em UX para tentar classificar a hierarquia da informação nos sistemas, como os mapas dos sites. É muito importante, ao desenvolver aplicativos, organizar eventos ou planejar projetos dessa forma, dividir as funções em categorias e subcategorias. Deve-se levar em consideração a facilidade para que o usuário encontre a informação que deseja, pelo caminho mais fácil e intuitivo.

- **Moodboard** – É uma estratégia criativa bastante utilizada pelos designers e publicitários para criar mapas conceituais sobre os problemas aos quais devem se debruçar. Podemos comparar a técnica com os quadros de cortiça pendurados nas paredes dos quartos de adolescentes. Naquele espaço retangular são fixados fotografias, pinturas, recortes de revistas, capas de disco, personagens, medalhas conquistadas e tudo aquilo que poderia representar a personalidade do habitante do cômodo em questão. Da mesma forma o *moodboard*, no contexto do UX, serve como mapa para a construção de inspiração e visualização do "espírito" do produto, da empresa, da marca ou do problema a ser resolvido. Eles podem ser produzidos em mídias sociais como o Pinterest, em softwares gráficos como o Photoshop, ou até mesmo de forma analógica em frente à mesa de trabalho do profissional criativo.

Enquanto o trabalho com UX engloba fatores bastante intangíveis, como a experiência, o conforto, a satisfação e a percepção individual; o UI (User Interface) administra os fatores controláveis na interação, ou seja, as interfaces. Falaremos sobre isso na próxima lição.

USER INTERFACE (UI)

Peço que não me julguem mal quando digo que uma das principais obras de administração, gestão e marketing que já li é o clássico *Robinson Crusoé*, escrito por Daniel Defoe, em 1719. Por ser uma obra literária, considerada por muitos como o livro que inaugurou o estilo romance, pode parecer estranho que eu o indique como um livro de estratégia até mesmo melhor do que *A arte da guerra*, de Sun Tzu, e *O Príncipe*, de Maquiavel. E espero que Philip Kotler, Martin Lindstrom, Al Ries e Michael Porter, que se esforçaram para escrever as obras que referenciam a área, me perdoem por isso. Mas talvez concordem com o que tenho a dizer.

Robinson Crusoé discorre sobre as desventuras de um jovem náufrago que tenta sobreviver em uma ilha deserta. Porém, me impressionam a organização e o planejamento que antecedem qualquer tipo de aventura. São muitas páginas dedicadas ao que considero como "a arquitetura da sobrevivência". Há uma descrição precisa sobre as metodologias para contagem do tempo; a produção, a coleta e o estoque de alimentos; a construção de abrigos; a manutenção da saúde mental; e o desenvolvimento de tecnologias para a proteção contra animais, doenças e intempéries, incluindo os cuidados com o armazenamento da pólvora. O livro nos ensina a importância do planejamento para a sobrevivência. E isso vale principalmente para os negócios.

Interfaces são as ferramentas que possibilitam a ligação entre dois sistemas que antes não poderiam se conectar. Por exemplo, o controle remoto é uma interface que possibilita a manipulação humana sobre a TV. Em relação ao fluxo de informação digital, usamos teclados, mouses, canetas especiais e mesas digitalizadoras, além de *QR Codes*, softwares, aplicativos, modem e telas para permitir a execução das funções e o funcionamento do sistema. E, assim, o trabalho de aprimorar as interfaces do usuário (UI) é primordial para melhorar a experiência deste (UX).

A arquitetura da informação, no contexto do UX, consiste justamente na organização das informações, principalmente quando falamos de plataformas digitais. Isso é feito para que a usabilidade seja facilitada de modo que os clientes consigam encontrar, sem obstáculos, aquilo que procuram. Por exemplo, os sites das universidades podem ser acessados por pessoas com diferentes interesses, como os estudantes com a necessidade semestral de efetuar a matrícula; os professores que precisam acessar o portal para impressão das pautas; a comunidade externa que deseja obter informações sobre o processo seletivo para o próximo semestre/ano; os servidores técnicos administrativos que necessitam tramitar um documento para deliberação na próxima reunião; os pesquisadores externos que procuram informações sobre os grupos de pesquisa; um representante do setor de gestão de pessoas de uma empresa que precisa firmar um convênio de estágio, ou membros da imprensa que desejam marcar uma entrevista com o reitor.

Sabemos como não é nada agradável ter que procurar informação específica em um emaranhado de dados descontinuados em um site. Ainda mais quando se trata de um portal com tantas informações e pontos de interesse: resoluções, memorandos, atas de reuniões, links para aulas, recursos humanos, biblioteca, calendários, cursos de todos os níveis, canais de comunicação, informações curriculares, entre incontáveis outros tipos de textos, imagens, sons e arquivos que possam constar nos canais institucionais de universidades. Como facilitar o acesso à informação e melhorar a experiência dos usuários? Essa é uma pergunta que me faço diariamente como coordenador de curso.

Melhor se torna a usabilidade à medida que a arquitetura da informação é trabalhada de forma a diminuir os ruídos e reduzir os passos necessários para o acesso à solução desejada.

Vamos tomar como exemplo o portal da Amazon, que tem um dos melhores sistemas de usabilidade já criados. A plataforma precisa saber, antes de mais nada, o que o usuário deseja ao acessar o sistema: vender seus produtos, administrar seu perfil de vendedor, procurar um emprego, comprar um produto ou falar em nome de algum veículo de imprensa? Além disso, pode simplesmente querer rastrear uma entrega, avaliar um produto que já comprou, adquirir novamente um item de que gostou, ou relatar algum tipo de problema encontrado.

É possível também que os usuários acessem a plataforma para ler gratuitamente *e-books* pela assinatura Prime Reading ou Kindle Unlimited, ou acessar aos serviços de *streaming* Prime Video e Music. Talvez queiram apenas solicitar suporte técnico para os dispositivos Alexa, Kindle ou Fire TV Stick. Porém, o que me impressiona nos serviços da Amazon é que mesmo diante das numerosas possibilidades, ainda assim é extremamente simples encontrar o que procuro. E isso ocorre graças a um primoroso trabalho de arquitetura da informação. Mas como um processo de comunicação tão abrangente pode ser organizado? As heurísticas de Nielsen (2022) podem responder.

Heurística é uma palavra que deriva de Eureka, com a proposta de ser uma orientação rápida e imprecisa para resolver problemas complexos. As heurísticas de Jakob Nielsen representam, para muitos, os princípios da usabilidade, e têm sido usadas como paradigmas essenciais para tornar os sistemas mais amigáveis. Vamos estudá-las:

Heurística 1 — Visibilidade do status do sistema: O usuário se sentirá mais confortável à medida que o sistema informar em que etapa ele se encontra no processo de uso. Por exemplo, quando desejo postar algo no Facebook, a tela traz o questionamento: "No que você está pensando, Cláudio?". Isso é uma indicação do que devo escrever dentro da caixa para a publicação.

Há logo em seguida a possibilidade de adição de ações, como fotos, sentimentos ou marcação de pessoas. Somente após escrever a mensagem, o botão "publicar" passa a ficar ativo e em cores. Mesmo que de forma não verbal, a interface é capaz de indicar em que fase do processo de publicação eu me encontro.

O mesmo ocorre em sites que suportam o comércio eletrônico. Elaborei dois exemplos diferentes, demonstrados na figura a seguir, para indicar como tal premissa pode auxiliar os consumidores para que a interação seja mais amigável:

No primeiro caso simulei uma compra realizada em uma livraria online. Observe como uma plataforma de comércio eletrônico pode causar a sensação de segurança e presteza, quando há um suporte claro sobre cada etapa de entrega dos produtos comprados. Melhor ainda quando há acesso à nota fiscal, ao código de rastreio e aos detalhes da compra, para conferência sempre que o usuário desejar.

Figura 6 – Visibilidade do *status* do sistema

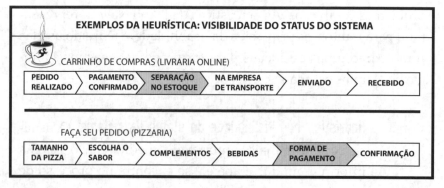

Fonte: Cláudio Rabelo (2022).

Em seguida mostrei como a indicação de cada etapa de montagem do pedido em uma pizzaria com entregas online é capaz de promover a sensação de interação dinâmica e simulação de um atendimento, com os mesmos protocolos utilizados nas lojas físicas. Entendo que há muitas outras funcionalidades interativas que deveriam ter sido contempladas nos exemplos supracitados, incluindo as estratégias omnichannel. Mas optei por elaborar esquemas simplificados, apenas para facilitar a compreensão didática da primeira heurística.

Heurística 2 – Compatibilidade entre o sistema e o mundo real: Lembro de que cheguei a lecionar as primeiras versões de CorelDRAW em cursos universitários de publicidade e propaganda, em meados das décadas... que prefiro não mencionar. Na época eu tentava explicar como a computação gráfica tinha se tornado algo fácil e intuitiva. Eu dizia que os ícones eram autoexplicativos: o balde de tinta serve para a escolha das cores, a caneta para desenhar, a tesoura para recortar, a borracha para apagar, o quadrado fazia figuras retangulares e o círculo tinha a função de auxiliar a desenhar figuras circulares e ovais. Hoje as crianças já aprendem a manusear smartphones e tablets justamente por causa dessa compatibilidade icônica. O movimento das mãos para expandir e retrair são os mesmos para brincar com a areia, e também para ampliar e reduzir figuras nas telas. Avançar e retornar as páginas de livros impressos são as referências que as crianças usam para avançar ou retroceder as páginas digitais. O ícone do carrinho do supermercado é uma referência para as compras online. E assim, o olhar é direcionado ao desenho com muito mais facilidade do que para a expressão escrita "carrinho de compras". A segunda heurística é de simples compreensão. Basta compreender que as referências do mundo concreto facilitam a compreensão de interfaces diversas.

Heurística 3 – Controle e liberdade para o usuário: A possibilidade de desistir e retirar um item do carrinho de compras, ou de voltar à etapa anterior nas escolhas dos ingredientes do seu pedido de lanche online, ampliam a confiança e a segurança dos usuários dos sistemas. Já me senti extremamente decepcionado ao preencher formulários divididos em várias páginas digitais e ter que refazer tudo apenas para editar um item de uma página anterior, que estava salva e sem possibilidade para edição sem a perda do progresso já realizado. O mesmo se aplica à atualização de cadastros ou à mudança de planos de assinatura. Quanto mais fácil for a edição para o usuário, maior será a confiança que ele terá na marca.

O aplicativo Duolingo, utilizado para o ensino de línguas, usa muito bem este recurso. O usuário deve organizar as palavras em ordem, clicando e arrastando até formar as frases traduzidas. Há a possibilidade de edição antes de selecionar a opção "verificar" a resposta.

Observe a figura seguinte, em que criei uma simulação de aplicativo para o ensino de inglês com possibilidade de controle e liberdade para o usuário. Além de editar a ordem das palavras, o usuário também pode abandonar a lição ou pular para a próxima pergunta. A possibilidade de promover escolhas e diferentes caminhos de uso torna os sistemas mais amigáveis, afastando a ideia de que são simplesmente estáticos. Ultimamente tenho ouvido a expressão "alt-Commerce", como algo que tornou o *e-commerce* obsoleto. A ideia parte do pressuposto que a compra é apenas o resultado natural de um conjunto de experiências fantásticas proporcionados por uma marca, que não deve apenas estampar as prateleiras das lojas estáticas. A terceira heurística tem cumprido um importante papel nessa transição.

FIGURA 7 – CONTROLE E LIBERDADE PARA O USUÁRIO

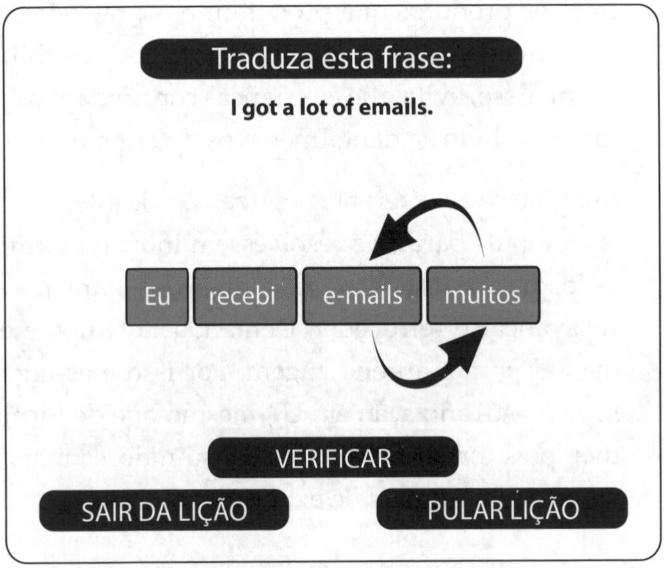

Traduza esta frase:
I got a lot of emails.

Eu | recebi | e-mails | muitos

VERIFICAR

SAIR DA LIÇÃO   PULAR LIÇÃO

Fonte: Cláudio Rabelo (2022).

Heurística 4 – Consistência e padronização: O portal de notícias Globo.com é organizado visualmente da seguinte maneira: utiliza o verde para identificar o esporte, o laranja para o entretenimento e o vermelho para indicar o jornalismo em geral (economia, cultura e política, por exemplo). Além disso, as imagens e os textos das notícias são inseridos em boxes com bordas arredondadas, o que facilita a diferenciação da publicidade, geralmente posicionada em caixas retangulares. Os tamanhos e a disposição das fontes, títulos e *leads* são dispostos com o mesmo estilo. A padronização facilita a leitura, amplia a possibilidade dos cliques e torna a usabilidade mais ágil e agradável.

Trade dress é uma expressão relacionada à criação de padrões para o reconhecimento das embalagens dos produtos de categorias específicas, como os materiais de limpeza ou os sucos de fruta. Tal prática reduz os esforços necessários para que os consumidores encontrem os produtos que procuram nas prateleiras do supermercado, mesmo diante de tantas possibilidades. Além disso, evita que as crianças confundam os produtos, ingerindo acidentalmente os detergentes líquidos.

Imagine se as diferentes marcas fabricantes de controles remotos para TVs resolvessem inovar, modificando os padrões simbólicos já conhecidos para play, pause, avançar e retroceder. Demandaria tempo e esforço mental para a aprendizagem. Por isso é essencial utilizar a padronização em UI, mesmo que de forma criativa, pois tornar a vida dos consumidores mais fácil é papel dos designers de experiência.

Heurística 5 – Reconhecimento em vez de lembrança: O Atari era um console de videogame, cujo controle contava apenas com um manche e um botão. Os criadores da interface nunca poderiam imaginar que os jovens seriam capazes de decorar todos os comandos possíveis, como os utilizados nas versões mais modernas do Xbox ou do Playstation. Mas quando estudamos a fundo a quinta heurística, podemos descobrir que jogar videogames é como dirigir. Há uma curva de aprendizagem, de forma que, com tempo e prática, as interfaces se tornam praticamente extensões dos nossos corpos. Nenhum motorista experiente pensa "vou passar a terceira marcha enquanto piso na embreagem e retorno com o pedal aos poucos enquanto acelero". Os games, os softwares e os aplicativos atuais são capazes de ensinar aos usuários como devem lidar com as interfaces de forma cada vez mais orgânica e natural, sem necessidade de recorrer à memória. Como exemplo, o Illustrator, assim como praticamente todos os softwares da Adobe, nos lembra a função das ferramentas específicas com uma legenda cada vez que o mouse pousa sobre as imagens. Observe o exemplo a seguir.

Figura 8 – Função "alinhamento" em softwares gráficos

Fonte: Cláudio Rabelo (2022).

A figura anterior é intuitiva, pois mostra o posicionamento do mouse sobre a imagem de dois retângulos distintos atravessados por uma linha vertical pelo centro. Mesmo assim, não custa ao software explicar e desambiguar qualquer tipo de dúvida que restar ao usuário, com o auxílio de uma legenda.

Antigamente os games vinham com manuais impressos que ensinavam todos os comandos. Atualmente isso pode ser acessado nas configurações digitais de qualquer jogo, porém praticamente nenhum deles inicia com todas as possibilidades de comando. A cada fase o jogador aprende uma nova função, como pular, usar a espada, escalar as paredes, nadar, conversar com outras personagens ou usar um item secundário. Nos anos 1990, lembro que precisava comprar revistas especializadas que ensinavam os "macetes" para passar de determinadas fases dos jogos. Hoje em dia, muitos deles já oferecem a possibilidade pausar para observar mapas com áreas clicáveis para a explicação dos próximos objetivos de cada fase.

A Netflix soube usar essa heurística muito bem com a opção "Cláudio, continue assistindo a série de onde parou". Seria muito difícil lembrar de todos os trechos interrompidos para visualização posterior em cada filme, série ou documentário em todas as plataformas de *streaming* que assisto.

Heurística 6 – Prevenção de erros: É muito duro dizer isso, mas na vida não existe CTRL+Z. Na verdade, sabemos que na psicologia analítica o ego é o arquétipo da nossa mente capaz de frear nossos desejos perigosos. Toda vez que estamos prestes a cometer uma gafe histórica na festa da família ou até mesmo a dizer "eu te amo" no primeiro encontro, nosso mecanismo mental de defesa ativa a heurística da prevenção de erros. O anjo no lado direito da cabeça sussurra: "Tem certeza de que quer fazer isso?".

E no contexto do trabalho de UI, é muito importante que o usuário se sinta seguro ao utilizar os canais digitais de determinada marca. Interfaces de jogos eletrônicos sempre perguntam se você realmente deseja apagar os dados dos jogos já salvos. De maneira parecida, as páginas de compra nos portais de vendas devem solicitar a confirmação dos dados de pagamento e até mesmo questionar se a descrição dos pedidos no carrinho de compras condiz com aquilo que os usuários pretendiam comprar. Isso evita transtornos e devoluções desnecessários. Programas de edição de texto, como o Microsoft Word, também questionam se os usuários querem mesmo fechar o programa sem antes salvar o progresso do trabalho. Acredito que este livro exista graças ao cuidado que os softwares de edição de texto dispensaram a essa heurística!

Heurística 7 – Flexibilidade e eficiência do uso: Muitos usuários deixam de comprar produtos ou utilizar serviços devido à complexidade ao lidar com os canais de comunicação. Idosos, pessoas com deficiência ou crianças podem abandonar a possibilidade de relacionamento com as marcas, justamente pela complexidade dos sistemas. A Amazon, por exemplo, oferece a compra com apenas um clique, ou a avaliação de produtos comprados simplesmente por meio da resposta por voz, diante a notificação de algum dispositivo com suporte à Alexa. Também informa que um produto chegou diretamente pelo rastreio na área do cliente no site, ou envia uma notificação Alexa e também uma mensagem SMS. Ou seja, ela tenta flexibilizar e facilitar as formas de compra, avaliação e controle.

Algumas cafeterias estão utilizando modelos de cardápio exclusivamente acessados pelos usuários, que devem apontar as suas câmeras dos smartphones para o *QR Code* impresso em um *display* sobre a mesa. Muitas vezes o sistema é lento, confuso e pouco amigável. A prática pode ser louvável em nome da sustentabilidade, mas deve-se levar em consideração que a bateria do dispositivo pode acabar e que a legibilidade dos itens pode ficar prejudicada, dependendo do tamanho da tela. Nesse sentido, indico apenas o cuidado com os testes de interface antes do lançamento do sistema. O teste deve ser feito por leigos e especialistas capazes de apontar dificuldades ou melhorias.

Em um futuro muito breve, a inteligência artificial popularizará a capacidade de traduzir, instantaneamente, em diferentes línguas, com o mesmo timbre e sotaque, a fala dos garçons ou os itens dos cardápios. Os possíveis usos de tecnologias inteligentes de escuta, como os *AirPods* terão papel fundamental nesse contexto. Também haverá suporte para libras e a opção de legendas. Isso já será um avanço na flexibilidade e na eficiência de uso para o atendimento nos restaurantes, na indústria do entretenimento como um todo e também na aprendizagem nos mais diferentes cursos e formações em escala mundial.

Para entender essa sétima heurística, basta lembrar de como os banheiros dos shopping centers e hotéis possuem vasos sanitários com descargas em botões bipartidos. De um lado há a indicação icônica de "uma gota" e ao lado "três gotas". Muito fácil de entender que pouca água precisa ser usada para o "número 1", mas é importante acionar o botão que despejará uma quantidade maior para as ações de "número 2". Resumidamente, é facultado ao usuário a flexibilidade para o uso de pouca água, tornando a economia e a prevenção do desperdício mais eficientes.

Heurística 8 – Estética e design minimalistas: Em uma das primeiras agências de propaganda que trabalhei na vida, lembro que um amigo diretor de arte vivia repetindo a frase: "Quando tudo chama a atenção, nada chama a atenção". Tal premissa se aplica à diagramação de peças de propaganda, mas também à melhoria da experiência dos usuários. Sites muito confusos e aplicativos com excesso de botões são desnecessários, principalmente nesses tempos de saturação informacional e economia da atenção.

Um erro muito comum nos portais de notícias ocorre quando o sistema não consegue identificar as intenções do visitante, que pode ser um leitor ou uma agência de propaganda interessada em publicar em nome dos anunciantes, talvez alguém em busca de um emprego ou um especialista que tem o objetivo de publicar um artigo. Quem sabe até mesmo um assessor de imprensa, um freelancer ou algum membro da comunidade com desejo de informar um "furo de reportagem". Quanto mais bem organizada a distribuição dos elementos no espaço englobante, mais amigável será a usabilidade para o usuário. Por isso, acredito que uma das principais características de um portal deve ser a capacidade de direcionar cada público para uma interface que melhor o atenda.

Quando a Disney Plus iniciou seu serviço de *streaming*, optou, diferente dos concorrentes até então existentes, por apostar em uma estética baseada em design minimalista. Em vez de dispor em sua página inicial uma série de listas com retângulos para a escolha dos filmes, dividiu a tela com o logotipo de seus principais canais: Disney, Pixar, Marvel, Star Wars e National Geographic. Isso torna mais rápido, por exemplo, o acesso e a escolha de conteúdo por fãs de franquias específicas, como o Homem-Aranha, Toy Story, Mandalorian ou aficionados por documentários sobre animais e natureza.

O McDonald's também é uma marca conhecida pelo minimalismo no design da experiência. Seu logotipo representado pelos arcos que formam a letra M, suas cores características e toda a apresentação de sua comunicação tentam ser eficazes ao evitar o excesso. Até mesmo a possibilidade de realizar o pedido pelo número ou pela promoção do dia já mostram como pode ser simples ajudar consumidores a tomar as suas decisões.

Heurística 9 – Ajuda em relação aos erros dos usuários: Meu avô me contava que, antigamente, os professores usavam técnicas como a palmatória ou outros castigos caso os alunos não fossem capazes de aprender. Mandavam também os estudantes se ajoelharem em grãos de milho e usar acessórios que simulam orelhas de burro. A punição ou a humilhação nunca foram métodos eficazes na educação. Descobrir como ajudar os estudantes a identificarem e superarem seus erros nos tornará professores melhores. E o mesmo se aplica ao universo do UX, uma vez que as falhas de nossos usuários podem nos levar a criar melhorias em todo o processo. E, assim, será possível antecipar os problemas e os ruídos no sistema comunicacional.

Ao preencher um formulário, um usuário não consegue seguir para a próxima página e isso é muito comum. Mas ainda bem que a heurística em questão ensinou aos arquitetos da informação que devem explicar aos usuários de que forma os erros podem ser corrigidos: "CEP inválido" ou "preenchimento do telefone obrigatório" são frases ativadas como formas responsivas de orientar para os acertos. Softwares de equipamentos, como esteiras ergométricas ou notebooks, algumas vezes indicam um número que corresponde ao motivo da falha. Por exemplo, o Google aponta o "error 404" para informar que um link está quebrado ou uma página foi removida.

Informar ao cliente que ele não pode adquirir novamente um produto digital, pois ele já comprou há alguns anos (e nem se lembrava) ou que a operação não pode ser efetuada, pois o nome de usuário escolhido já foi utilizado, faz parte das boas práticas de usabilidade online. Outra prática comum diz respeito ao aconselhamento dos clientes para a escolha de suas senhas de cadastro. Não basta dizer apenas que a senha escolhida é "inválida", mas explicar que ela deve conter pelo menos uma letra em caixa alta, números não sequenciais e pelo menos um caractere especial. Ou ainda informar que o usuário "não pode registrar a data de aniversário ou as senhas já utilizadas, pois são facilmente descobertas por hackers ou fraudadores.

Heurística 10 – Ajuda e documentação: Os clientes precisam sentir que as interfaces não são apenas expositivas, mas responsivas. Facilitar que encontrem respostas rápidas para problemas recorrentes deve fazer parte do trabalho do designer de interface. Além de áreas como FAQ, também é importante manter canais de atendimento e resolução de dúvidas por múltiplos canais, como formulários, e-mail, WhatsApp, telefone, chat em aplicativo móvel, mensagens SMS, entre outros.

EXERCÍCIO:

Escolha um site ou aplicativo (pode ser o da sua empresa ou marca) e tente identificar de que forma os princípios das 10 heurísticas de Nielsen podem melhorar a usabilidade.

PLATAFORMAS

Possivelmente, um elemento menor que uma partícula de hidrogênio explodiu e se tornou o Universo, essa realidade material que pouco conhecemos. O evento denominado *Big Bang* foi capaz de gerar uma plataforma que há bilhões de anos criou o movimento do espaço-tempo, comparável a uma colcha de linho sacudida com milhares de grãos de areia e poeira. Galáxias, nebulosas, buracos negros, estrelas, planetas e uma infinidade de outros corpos passaram a ser construídos e organizados orquestral e caoticamente no ritmo dessa explosão. Especificamente em alguma bilionésima parte de um grão de poeira, nessa metafórica colcha de linho formou-se o planeta incandescente chamado Terra, que em um lento processo, também de bilhões de anos, esfriou e se tornou favorável à vida a partir da combinação de átomos que se juntaram formando sopas proteicas, o que, posteriormente, possibilitou o surgimento e a evolução de organismos unicelulares, protozoários, fungos, plantas e animais.

A tônica de tal abordagem em um livro de estratégias contemporâneas pode causar estranhamento ao leitor: falar sobre a origem orgânica do planeta, a cadeia alimentar, as características de pressão, temperatura e movimento que dão condições à vida na Terra. E abordar como todo esse vagaroso processo também foi capaz de formar nosso sistema cognitivo, a consciência e o inconsciente coletivo, além de uma infinidade de outras unidades significativas, que provariam que a vida não poderia ser nada além de um milagre. Mas este breve e intencional resumo funciona aqui como pretexto para abordar a questão das plataformas.

A existência humana na Terra e a configuração atual de nossa sociedade não deixa de ser caótica e ao mesmo tempo orquestralmente planejada. E é curioso imaginar que em apenas cinco mil anos de civilização conseguimos praticamente destruir, especialmente nos últimos cinquenta anos, um ecossistema formado nesses muitos bilhões de anos. Por isso é tão fundamental falar em marketing de causas. Ao mesmo tempo fomos capazes de construir realidades imaginadas, que também considero como plataformas, a exemplo das nações, das cidades, das instituições religiosas e das universidades.

Muitos de nós acreditamos no livre-arbítrio e na unidade individual dos nossos corpos, nossas mentes ou almas, de forma que assim poderíamos escolher nossos amores, nossas religiões, formar coligações políticas e determinar o futuro do planeta a partir de escolhas éticas e morais. A premissa não deixa de ser válida, mas nos esquecemos muitas vezes de que nossos corpos são plataformas nas quais coabitam bilhões de bactérias que nos ajudam a sobreviver, manipulando proteínas e vitaminas, ajudando na digestão e protegendo a pele dos agentes naturais nocivos, por exemplo.

Longe de ter a pretensão de discutir sobre a metafísica do livre-arbítrio, apenas quero levantar a reflexão sobre os movimentos da aleatoriedade humana que ocorrem dentro dessa grande plataforma chamada organismo humano. Uma pequena mudança no funcionamento do Sol, da Lua, das marés, das placas tectônicas, da temperatura global, da atmosfera, da pressão do núcleo terrestre, ou qualquer outro simples fator pode tornar irrelevante qualquer uma das preocupações dos jovens e adultos, que acreditam que o universo gira ao redor das suas contas a pagar, assim como das suas preocupações laborais ou amorosas.

Quero apenas exemplificar, conceitualmente, demonstrando que os seres humanos são plataformas que fazem parte de um ecossistema, sendo responsáveis por semear o solo, controlar as pragas, distribuir os alimentos, curar as doenças de outras pessoas ou animais, construir abrigos, organizar a comunicação humana e, inclusive, escrever textos que nos ajudam a dar sentido à vida. Duas plataformas corporais humanas podem formar uma família. Várias famílias constituem os clãs que, por sua vez, se tornam cidades, metrópoles, megalópoles e países. Da mesma forma, podemos dizer que cidades são plataformas que sustentam redes de comunicação, comércio, segurança, esgoto, transportes e lazer. E assim, algumas pessoas gerenciam esse tipo de sistema e outras atuam aleatoriamente como cidadãos, dentro das regras do jogo.

Pare para pensar em como a Amazon funciona de maneira parecida. Seu universo transita pelo portal de vendas em forma de site e aplicativo. E isso integra subplataformas de comércio e assinatura de livros (Amazon Prime Reading/Kindle Unlimited), filmes (Prime Video), música (Amazon Music Prime) e jogos (Prime Gaming). Há comércio entre a marca e os grandes varejistas, as editoras e os bancos que integram sistemas de pagamento. Também o fazem pelo convênio com outras lojas parceiras que revendem pela plataforma e os pequenos produtores de conteúdo, que ganham royalties sobre venda de *e-books*, por exemplo. Enquanto isso, a assistente pessoal Alexa integra as casas inteligentes à plataforma, convidando usuários para que classifiquem as compras e interajam com os vendedores, alimentando os algoritmos com informações valiosas para uma recompra. Desenvolvedores diariamente criam *skills* para a assistente pessoal, como a Colgate Kids, que orienta e acompanha as crianças na escovação dos dentes. Como tudo isso pode ser tão caótico, mas, ainda assim, extremamente organizado, com a promoção de um sentido de unidade de marca? A resposta é simples: ela é planejada como uma plataforma!

Muito se vende a ideia sobre a simples chegada ao sucesso, resultante de um *"mindset* empreendedor", mas nenhuma vontade individual seria relevante perto de um "defeito" no Sol. Ou seja, temos liberdade, mas isso somente é possível porque vivemos em uma plataforma que nos dá plenas condições para que isso aconteça. Já parou para pensar que a palavra "planeta", embora se origine do grego *planetai* (tradução: errante), não deixa de ser um belo pretexto para ser poetizada como uma mistura de *plataform + net*, ou seja, uma plataforma que nos conecta em rede?

Como um estrategista poderia resolver o problema de superlotação nos hospitais? O pensamento simplista poderia apontar para a contratação de profissionais de medicina e enfermagem. O pensamento complexo deveria enxergar a prevenção, o saneamento básico urbano e as condições de alimentação, educação, moradia, mobilidade e segurança. Com mais educação e informação, maiores as chances de prevenção de doenças e manutenção da saúde.

E como poderíamos resolver o problema da violência urbana? Investimentos em educação, emprego e bem-estar social poderiam reduzir significativamente, em médio prazo, os gastos públicos com armas, presídios e sistemas jurídicos sobrecarregados. Por isso, as marcas devem enxergar seus modelos de negócios como plataformas e não como produtos. Pensar o ecossistema, o entorno e as atividades correlatas, impulsiona muito mais os negócios que a obsessão com as vendas do produto.

Quando a Nestlé, por exemplo, compreendeu que sua relação com os clientes vai além dos supermercados, conseguiu criar uma plataforma que envolve docerias, nutricionistas, restaurantes, mídia especializada, livros de receitas, cantinas de escolas, veterinários e pet shops por meio de vários outros *hubs* (ou pontos de conexão). Sua plataforma engloba varejistas, atacadistas, distribuidores, agentes, corretores, produtores rurais, funcionários, fornecedores, acionistas e a imprensa. E eles podem se relacionar com a marca de forma omnichannel, por múltiplos pontos de entrada, sem linearidade ou hierarquia entre os canais. A marca consegue ser uma unidade, que se manifesta virtualmente em cada uma de suas partes.

Nem sempre a solução para o aumento das vendas está na publicidade. Programas de financiamento de microempreendedores do setor alimentício, acompanhados de projetos educacionais e treinamentos específicos, são utilizados pela Nestlé para ajudar a criar e ampliar sua fatia de mercado. A empresa, nesse sentido, pode ser considerada uma plataforma justamente porque envolve todo o ecossistema em torno do seu crescimento.

Uma academia de ginástica poderia fazer o mesmo ao descobrir que seu negócio não funciona apenas dentro do prédio, mas expande e impulsiona um mercado que inclui os fotógrafos de moda, os influenciadores de Instagram, as empresas de vestuário de moda praia/academia, as marcas de suplementos alimentares, as saladerias, assim como os nutricionistas, os endocrinologistas, os salões de beleza, as farmácias de manipulação, as faculdades de educação física, entre outros. Em resumo, tomar as rédeas da plataforma unindo presença multicanal e as narrativas transmídia faz uma marca se tornar catalisadora de todo o ecossistema em seu entorno. E hoje temos as ferramentas digitais ideais para gerenciar um grande volume de dados, informações e relacionamento.

A presença digital das marcas deve funcionar, nesse sentido, orientada por uma plataforma que integre todo o seu universo. Reforçamos como a Amazon integra seus negócios em torno do comércio eletrônico e das várias assinaturas Prime: Vídeo, Reading, Gaming e Music. E amplia as experiências por meio da assistente virtual Alexa, que ocupa a espacialidade concreta com dispositivos como o Echo Dot, Echo Show, Fire TV Stick e o leitor Kindle. De maneira parecida, alguns microinfluenciadores, impulsionados pela oportunidade do crescimento de *awareness* em programas televisivos como o Big Brother, conseguem, com a ajuda de equipes de estrategistas digitais, ampliar consideravelmente suas presenças online, por meio de uma integração quase orgânica de seus canais digitais, como site, blog, TikTok, Instagram, YouTube, entre outros.

A figura a seguir demonstra uma espécie de *roadmap*, que criei para orientar os estrategistas para a criação e o gerenciamento de suas plataformas de negócios:

FIGURA 9 – *ROADMAP* PARA A CRIAÇÃO DA PLATAFORMA

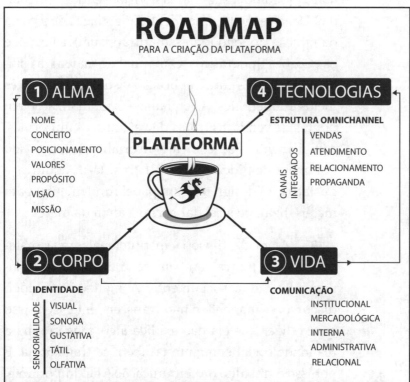

Fonte: Cláudio Rabelo (2022).

Já que tanto falamos sobre a humanização das marcas, elaborei um *roadmap*, ou seja, um mapa da jornada, que compara o ser humano com o trabalho para o desenvolvimento da plataforma.

- **ALMA** – Antes de mais nada, uma marca deve entender quem ela é. Já abordei bastante o assunto nas lições anteriores sobre o entendimento acerca das demandas que justificam a razão de existir. Qual é a sua visão, missão, seus valores e propósitos? Seus nome e *slogan* são fortes o bastante para refletir o espírito do negócio? Há um posicionamento de marca capaz de demarcar, de forma particular, a lembrança na mente dos públicos?

- **CORPO** – Como a sua marca é vista, sentida, percebida? Deve ser feita uma identidade visual que parta da criação do logo (ou assinatura visual), as cores e os padrões tipográficos. O manual de marca irá estabelecer padrões para a aplicação visual em diferentes meios e superfícies. As embalagens, a sinalização em pontos de venda, as frotas de veículos, os uniformes, complementam-se com a sensorialidade planejada por meio das identidades olfativa, tátil, auditiva e gustativa. O design terá um papel fundamental para materializar, ou seja, dar corpo à alma da marca.

- **VIDA** – Além da filosofia institucional e sua materialidade, a marca também se transforma cotidianamente e atua socialmente. A marca, como todo discurso, é imanente e não transcendente. Com isso quero dizer que ela não explica algo, mas produz a realidade social enquanto também se transforma. E por isso o trabalho de comunicação é tão importante. A comunicação institucional se ocupa de promover a identidade (planejada) da marca e fortalecer a sua imagem (percebida). A comunicação mercadológica tem como principal função atingir os objetivos de vendas e a ampliação de negócios. A comunicação interna carrega a função de melhorar a percepção da marca e o engajamento com os colaboradores, incluindo os gerentes, os coordenadores, os diretores e os acionistas. A comunicação administrativa tem como objetivo otimizar a eficácia corporativa ao promover melhoria no fluxo das informações e a organização do trabalho. Já à comunicação relacional cabe administrar a relação das marcas com seus diferentes stakeholders, garantindo a eficácia dos canais de atendimento, vendas, saneamento de dúvidas, orientações, aprendizagem e cocriação.

□ **TECNOLOGIAS** – E, por último, assim como os seres humanos constroem suas realidades sociais mediados por tecnologias diversas, como roupas, acessórios, meios de transporte e ferramentas de trabalho, as marcas também crescem em razão da qualidade atinente às tecnologias que dominam. Isso inclui o suporte e a inovação nas lojas físicas, canais de vendas online, mídias sociais, sistemas de cobrança, controle de estoque, CRM, entre outros.

METAVERSOS

Em 2021, a gigante da tecnologia Facebook reposicionou sua marca global apresentando o seu novo nome, Meta. Em seu discurso, que trazia ares de pioneirismo, ela parece ter ignorado a história de *Second Life* ou o sucesso de plataformas como *Fortnite*, dizendo que seu terceiro horizonte seria focado em um "novo tipo de ambiência digital". O metaverso seria justamente a junção entre os espaços físicos e os formatos que incluem a realidade aumentada, a realidade virtual e a internet em todas as suas possibilidades. Avatares que podem se apresentar como a imagem e semelhança de seus usuários, mas também suas identidades visuais e sonoras construídas digitalmente. Coincidentemente, no mesmo ano os NFTs, ou tokens não fungíveis, despontaram não somente como um novo mercado, mas também como maneiras de atestar a identidade e a propriedade sobre produtos digitais únicos e não copiáveis nos mais diferentes formatos.

A exploração publicitária deste tipo de integração tem potencial ilimitado. Quando surgiu o *Second Life* em 2003, eu já tentava explicar o potencial de consumo de bens imateriais. As pessoas me perguntavam: "O que levaria alguém a comprar um carro, uma casa ou uma roupa no ambiente digital?", afinal de contas, "essas coisas não existem de fato e não são mercadorias palpáveis". Porém, a propaganda não funciona tão bem em razão de sua materialidade, mas justamente em razão dos simbolismos. E por isso as pessoas não compram as camisas da Lacoste, as joias da Vivara, os vestidos da Farm ou os copos Stanley simplesmente pelos seus valores de produção, uso ou troca. Elas adquirem vitrines para as suas personalidades. Compram acessórios e produtos que as ajudam a criar as imagens de si próprias que desejam vender ao mundo. E no decorrer dos anos isso se tornou natural. Garotas e rapazes que adquirem, por alguns dólares, filtros de Instagram para servir como bisturis digitais, capazes de transformar seus corpos em imagens organicamente impossíveis.

E assim como fazemos questão de comprar ternos ou vestidos caríssimos para usar em poucas ocasiões, como festas de casamento ou formaturas, passamos a comprar também a licença para uso da imagem de roupas e acessórios especiais, experimentados, ajustados e editados para exibir nossas personalidades em mídias digitais.

A Nike patenteou em 2019 um projeto denominado Cryptokicks, que consiste na conexão entre a venda de itens físicos e digitais. Os colecionadores de calçados exclusivos podem adquirir versões vestíveis dos tênis produzidos pela marca e ao mesmo tempo imagens virtuais "tokenizadas" para uso no metaverso. Isso significa que os clientes terão acesso e direito de venda sobre os tênis virtuais, com atestado de propriedade e proteção contra cópias, podendo comercializar com outros colecionadores.

As possibilidades são infinitas para a exploração comercial em torno da ideia do metaverso. Muitas aulas online poderão ser mediadas por capacetes de realidade virtual ou outras tecnologias imersivas. Treinos esportivos de modalidades como tênis, tai chi chuan e CrossFit poderão ser comercializados por profissionais independentes ou academias de ginástica. E não se trata simplesmente de videoconferência, mas de experiência imersiva e segura, baseada em realidade virtual (ou aumentada) e inteligência artificial. Isso poderá romper barreiras relacionadas a distância e ao tempo (deslocamento e alinhamento de agenda). Peças teatrais poderão inaugurar novas modalidades de interação com públicos e médicos conseguirão realizar operações complexas com o auxílio de outros especialistas, mesmo que estejam separados fisicamente por continentes. Softwares de inteligência artificial traduzirão as vozes de pessoas de diferentes nacionalidades, mantendo o timbre, o tom, o ritmo e o sentido entre os interlocutores, ou até mesmo adaptar as frequências sonoras que sejam mais agradáveis entre os interlocutores, facilitando a aprendizagem e ampliando, assim, a eficácia da comunicação.

No século I, o filósofo Cícero cunhou o termo *alter ego* para se referir às pessoas que transferem tamanha confiança, a ponto de poderem ser consideradas um "outro eu". Posteriormente, a psicologia analítica passou a tratar o termo como um distúrbio de personalidade, comum para as pessoas que levam vidas duplas. Com o metaverso, a expressão ganha novas proporções. Trabalhar com publicidade no metaverso, porém, não representa nenhuma distopia ou realidade distante. Marcas como o Magazine Luiza já usam avatares como porta-vozes há um bom tempo. Já a apresentadora Sabrina Sato, quando contava com 30 milhões de seguidores apenas no Instagram, resolveu lançar um avatar digital denominado Satiko. A figura apresentada como uma espécie de *alter ego* de Sabrina, mas com uma personalidade distinta, estaria livre para estrelar campanhas de propaganda e realizar desfiles virtuais, enquanto a apresentadora poderia administrar a sua agenda, que tem inextricável interdependência com o espaço físico, o tempo e as limitações do corpo humano. Satiko já iniciou a carreira concorrendo a prêmios de personalidades digitais e cocriando em publicações comerciais, a exemplo da parceria com a persona digital Rennata, das lojas Renner.

Lembro-me bem de quando os simpáticos avatares conhecidos como BuddyPokes foram popularizados no extinto Orkut. Eles tornavam mais fáceis algumas interações como as piscadelas ou o envio de beijos e abraços. Assim como toda tecnologia, o metaverso não se desenvolverá sozinho. Surgirão novas startups, tecnologias, políticas, culturas, catástrofes, descobertas científicas, religiões e celebridades que ainda vão delinear o futuro da internet e da sociedade. Devemos apenas manter os nossos olhos e corações bem abertos, com um pé preparado para avançar e o outro pronto para frear a caminhada e analisar o cenário.

OMNICHANNEL

As grandes plataformas de vendas digitais, por vezes, passam a ser apontadas como as responsáveis pela destruição dos mercados de vendas físicas. Um olhar menos atento é capaz de reproduzir discursos que acusam as vendas online pela ruína das lojas instaladas nos centros urbanos. Porém, vejo como tendência a proliferação de marcas nato digitais nos espaços físicos, tanto na forma de um grande varejo, como também em lojas *pop-up*. A palavra onipresença já comum no vocabulário, principalmente no contexto das religiões, traz o prefixo originado de *omni*, que significa "todo" ou "tudo". Uma entidade onipresente está em todos os lugares ao mesmo tempo, seja no corpo, na natureza ou na própria alma.

Os gestores das mais importantes marcas do mundo sabem que as pessoas interagem cada vez mais no ciberespaço, sem com isso abandonar a sociabilidade que ocorre nos espaços urbanos. Compreendem também que há uma economia da atenção, capaz de irritar consumidores diante das mais sutis tentativas de manipulação publicitárias, o que aumenta a concorrência e torna as vendas, tanto as resultantes das compras por impulso como as planejadas, ainda mais desafiantes.

Por isso a onipresença é a tendência natural para as marcas com capacidade logística, financeira e comunicacional, que devem realizar suas vendas, portanto, em "onicanais" (ou omnichannel). Todos esses pontos possibilitam algumas experiências de compras, descritas a seguir:

- Comprar e levar da própria loja física.
- Comprar na loja e receber em casa.
- Comprar do computador pessoal ou notebook e buscar na loja.
- Comprar por dispositivos móveis, como smartphones ou tablet e buscar na loja.
- Comprar pelo computador ou dispositivos móveis e receber em casa.
- Comprar por totens eletrônicos disponibilizados na loja e receber em casa.
- Comprar pelos canais de atendimento: telefone, chat, WhatsApp, mídias sociais, call center, web call center.

Esses são apenas alguns exemplos de como as lojas podem facilitar a jornada de compras. Seus canais de vendas devem partir e terminar nos caminhos que forem mais convenientes para os consumidores. *Landing pages* em blogs ou mídias sociais, totens espalhados nas ruas, interfaces nas IoT (*Internet of Things*), computadores pessoais, vendas diretas, e-mail, sites parceiros se tornaram possibilidades para garantir a onipresença.

O mais importante é que os consumidores saibam que estão se relacionando com a marca e não com o canal. Isso significa que a integração, o comprometimento e a entrega devem ser feitos em nome da marca e com o endosso desta. É fundamental compreender que a insatisfação do cliente nunca será com o site, com o aplicativo do supermercado, ou com um ponto de vendas específico, mas com a própria marca.

CUSTOMER RELATIONSHIP MANAGEMENT (CRM)

U m cliente entra em uma livraria e conversa com o vendedor, que o acompanha em um tour pela loja. Ele se identifica, diz seu nome ao atendente e complementa que é professor do curso de publicidade e propaganda em uma universidade federal e que está lecionando disciplinas relacionadas aos novos contextos estratégicos. Mas, naquele momento, também informa que tem pressa, pois deve ir à festa de aniversário do seu afilhado. Então, diz que está em busca de um livro best-seller sobre bruxos-marcianos-vampiros-zumbis, para presentear o adolescente que é fã da franquia. Na sequência, dirige-se até o caixa, informa o CPF, realiza o pagamento, retira o produto e vai embora.

Quase um ano depois da compra, o mesmo cliente retorna e se identifica para um vendedor diferente que, por sua vez, faz uma rápida consulta ao sistema de "gerenciamento do relacionamento com os consumidores". A partir de então, ele mostra as novidades em marketing digital e ainda lembra ao comprador que o afilhado dele fará aniversário no próximo mês. E que há uma nova sequência à venda da franquia de bruxos--marcianos-vampiros-zumbis.

O exemplo é exageradamente didático e hipotético, e até aponta para possíveis problemas com a Lei Geral de Proteção de Dados, mas ilustra bem o potencial da ferramenta estratégica.

Customer Relationship Management, abreviado para CRM, é o conceito que envolve a gestão do relacionamento com os clientes. Nesse sentido, as empresas usam ferramentas, como *softwares* ou aplicativos para realizar as captações, as interações e os controles que envolvem os relacionamentos com os clientes em todas as etapas de suas jornadas de compra. Boas estratégias de CRM agilizam e aumentam a eficácia dos atendimentos, poupam o tempo dos consumidores e dos vendedores, além de otimizar as entregas, tanto em qualidade como em quantidade.

A primeira vez que ouvi falar sobre a expressão foi há mais de 20 anos, especificamente no ano 2000, quando cursava a minha primeira pós-graduação, em marketing e tecnologia da informação. O professor, que já havia trabalhado como diretor de marketing da Coca-Cola em algum país estrangeiro, já dizia que o CRM é apenas um nome tecnológico para uma prática muito antiga: a proximidade com os clientes.

Quando o Seu Joaquim, dono da única padaria de uma pequena e humilde cidade do interior, anotava o nome dos seus clientes em blocos de papel e, com o tempo, passava a chamá-los pelos nomes e, ainda, a conhecer as suas preferências de compras, ele já fazia, de forma rústica e simplificada, a gestão do relacionamento com os consumidores. Ele sabia que a Dona Maria Inácia gostava dos pães dormidos para fazer rabanadas, e por isso já deixava uma sacola com os produtos separados para a recorrente consumidora. E também embalava pequenas porções de milho, que entregava como brinde para que o neto do seu Antônio pudesse se divertir ao lançar para os pombos na praça. Pedro não precisava lembrar a ninguém de que o seu café deveria ser servido em copos de alumínio em vez de xícaras de porcelana, uma vez que seu estranho hábito já era de conhecimento do Sr. Joaquim.

Diante do contexto apresentado podemos chegar à conclusão de que o CRM é uma prática gerencial e estratégica que serve para o pequeno profissional liberal, mas também para as multinacionais. A diferença está justamente no tamanho dos investimentos em tecnologia, pessoas e processos.

O Apple Watch, por exemplo, diferente dos demais relógios, tem seu valor justamente pelo seu potencial de conhecer os seus clientes e tratá-los de forma personalizada. Poderíamos considerar o produto como uma evolução do CRM, uma vez que ele automatiza o relacionamento em um nível jamais visto e nem por isso dispensa a mediação humana, pelo contrário, facilita o trabalho de gerenciamento de relacionamento entre as pessoas. Por exemplo, ao registrar o eletrocardiograma, a temperatura do corpo, a qualidade do sono, além de contar os passos diários durante os deslocamentos, o relógio provê seus clientes de informações que nem mesmo eles conheciam a respeito de suas condições de saúde. E tais dados podem ser compartilhados com clínicos gerais, nutricionistas, neurologistas, cardiologistas e personal trainers, facilitando ainda mais o acompanhamento e a eficácia dos seus trabalhos.

Já a Amazon tenta mensurar as nossas experiências de compras ao cruzar os dados com os hábitos de consumo dos outros clientes, mapear as similaridades, além de identificar o poder e a predisposição de compras em diferentes datas. A plataforma nos incentiva a classificar as nossas experiências com estrelas e comentários. Também observa os perfis de navegação em busca de produtos, diferenciando as necessidades dos desejos.

Quando buscamos materiais de limpeza nas plataformas das grandes redes de varejo online, por exemplo, provavelmente o fazemos pela necessidade de uso, mas passamos alguns minutos olhando o novo modelo de console da Nintendo, muito mais pelo desejo em adquirir uma versão mais nova, mesmo que o preço não seja tão acessível. E, assim, todo o caminho de navegação é registrado e comparado com nossos usos anteriores e a navegação de outros usuários. A máquina aprende com isso (ainda falaremos com maior profundidade sobre machine learning) e nos indica os produtos de que talvez gostaríamos. Além disso, a Amazon também rastreia nosso consumo de vídeo, games, música e leitura, com seus serviços incluídos na assinatura Prime. E a desculpa para fazer uma mina de ouro com os nossos dados é a de que estariam personalizando a experiência de consumo em níveis jamais vistos.

EXPERIÊNCIAS PROBABILÍSTICAS

Lembro-me da época em que havia apenas a expectativa pelo lançamento das TVs digitais no Brasil. Eu já lecionava disciplinas de comunicação contemporânea e novas tecnologias, problematizando as potencialidades dos novos meios. Em meados de 2005 eu já dizia que no futuro poderíamos interagir por chat com o telejornal e clicar em produtos das novelas para abrir lojas online e falar com vendedores. Claro que os alunos riram da minha "viagem" naquela época.

Quinze anos depois uma startup fundada na Índia criou um algoritmo que mapeia os movimentos dos jogadores em uma partida de futebol transmitida ao vivo e torna cada atleta "clicável". Isso habilita informações que podem variar de idade, data de nascimento, peso e altura, até as mídias sociais que o atleta utiliza e compras instantâneas dos produtos licenciados pelo clube e pelos atletas.

Mas vamos um pouco mais longe... Ampliando as possibilidades, poderíamos pensar em lojas online para a venda de experiências personalizadas em torno do jogo de futebol transmitido ao vivo pela TV. Imagine que após a partida gravada, o tradicional torcedor que sempre considera que poderia ter feito melhor, caso estivesse em campo, teria a oportunidade de comprar a experiência de substituir um dos jogadores desta partida gravada, de forma que a inteligência dos dados seria capaz de reconfigurar as probabilidades do jogo com base em suas escolhas. Tal simulação poderia ser feita na íntegra ou apenas em algum momento específico, como a prorrogação. A habilidade da máquina de aprender sozinha a tornaria capaz de calcular as probabilidades de resposta com base no histórico de movimentos do atleta e, assim, simular o que teria acontecido, caso o jogador tivesse feito uma escolha diferente.

Outra possibilidade interessante poderia se basear nas apostas de cada espectador que assiste de casa. O jogador fará o gol no momento do pênalti. Qual time manterá a posse de bola por mais tempo? Qual jogador será mais proativo em campo? Ao final da partida o aplicativo mostrará aos torcedores quem acertou mais sobre a partida, tornando uma experiência anteriormente passiva em uma forma de interação gamificada.

Outras aplicações das experiências probabilísticas poderiam ser adotadas pela indústria automotiva, para que o veículo avise ao condutor sobre os riscos de continuar dirigindo da forma que vem fazendo. O mesmo pode ocorrer com relógios de pulso inteligentes, que passam a monitorar os hábitos relacionados à alimentação, ao descanso, aos exercícios físicos, ao estresse, às substâncias ingeridas e às predisposições a doenças, calculando a probabilidade de riscos, mas também indicando a reorganização de hábitos capazes de ampliar a qualidade (e a quantidade) de vida.

Fiquei assustado quando a escola onde minha filha estuda apresentou o novo tipo de material didático, apresentado por uma empresa de tecnologia. As crianças terão suas aprendizagens monitoradas desde os 6 anos de idade, de forma que sua evolução será comparada não somente com a da turma, mas com de toda a rede de dados. No futuro há possibilidade de apontar a probabilidade para que ela seja aprovada em um curso de engenharia, medicina, direito ou publicidade em diferentes instituições de ensino pelo mundo. Na reunião de apresentação do sistema, levantei a questão sobre o uso político dos dados. Será possível eleger presidentes e prever movimentos de mercados complexos em um futuro no qual terão o mapa de todo o *modus operandi* que envolve o aprendizado, a lógica, o raciocínio e as motivações de milhares de pessoas, desde crianças?

Como bem disse Pierre Lévy (1999), o precursor dos estudos da cibercultura, a tecnologia pode ser o remédio ou o veneno.

MOBILE

Os aplicativos surgiram como ferramentas exclusivas de grandes marcas, mas com o tempo passaram a ser tão comuns quanto os sites ou os perfis comerciais nas mídias sociais. Mais tarde, os smartphones tornaram-se verdadeiras extensões do corpo humano, como as roupas, os óculos, os calçados, as interfaces de mediação computacionais (como o mouse e o teclado) e as ferramentas de trabalho. Nenhum outro meio está à disposição das pessoas tantas horas por dia como os dispositivos móveis e por isso o conceito de *app first* passou a ser cada vez mais difundido. Muito além de facilitar o acesso e a experiência do usuário aos diferentes serviços, ampliar a sensação de segurança e a agilidade durante as transações, os aplicativos, quando bem desenvolvidos, conseguem capturar dados interessantes sobre comportamentos, geolocalização, finanças e predisposições de compra.

Os *apps* podem ser fundamentais canais de vendas ou integração omnichannel (ver capítulo específico), além de oferecer jogos, funcionalidades e opções de entretenimento, responsáveis por ampliar o tempo de exposição dos consumidores às marcas. Por meio de notificações bem planejadas e com a permissão dos usuários, os aplicativos também criam "chamadas para a ação", convidando para um relacionamento mais profundo que se expande para as mídias sociais, com a alimentação do banco de dados por meio de enquetes, cliques em promoções, ações de engajamento e com as vendas propriamente ditas. Tais chamadas, ou *call to action*, são ativadas por meio de botões, frases ou imagens que funcionam como gatilhos para uma resposta que se deseja dos usuários.

Mesmo que a empresa ou marca ainda não tenha condições de produzir o próprio app, é importante tentar, ao menos, realizar parcerias ou contratações de serviços produzidos por startups que podem auxiliar alguns processos de gestão. Basta analisar como a Amazon serve de suporte às livrarias, às editoras e aos autores independentes, ou como também funciona como canal de vendas para comerciantes de todos os portes. Não seria uma má ideia para uma vinícola ter seu vinho distribuído pela Wine ou que um hotel tenha sua taxa de ocupação otimizada com a ajuda da Booking.com. De maneira parecida, uma hamburgueria pode triplicar suas vendas ao utilizar serviços de entrega como o iFood ou a Uber Eats. A Udemy é uma dessas plataformas que auxilia no início da carreira de especialistas que se tornam celebridades digitais. Certa vez, comprei, por aproximadamente quatro dólares, um curso de matemática ministrado por um professor chamado Rodrigo Sacramento. Hoje ele tem uma plataforma própria denominada "Plantão do Matemático", que oferece o curso Premium por volta de cem dólares. Ele também tem uma base de quase 100 mil seguidores no Instagram e quase 2 milhões de visualizações no YouTube. Parece um pequeno passo para uma celebridade digital, mas um enorme salto para um professor de matemática.

Enfim, são muitas as vantagens em ter ou ser o parceiro de alguma startup de plataforma em aplicativo, mas é preciso analisar muito bem as condições que cada um oferece, assim como a capacidade da marca em ter que lidar com um aumento repentino da demanda.

Antes restritos aos smartphones e aos tablets, hoje os aplicativos mais completos e inteligentes, como o Spotify, conseguem manter a onipresença livre do suporte único. Assim, podem ser acessados de forma sincronizada em smart TVs, computadores, consoles de videogame, assistentes pessoais como o *Echo Dot*, *smartwatches* e demais dispositivos.

Pequenas marcas também devem atentar sobre a importância em lançar mão de seus apps. Hoje em dia eu uso o interfone do meu prédio ou o WhatsApp para encomendar de uma vizinha as marmitas congeladas para a semana. Um simples aplicativo com a escolha do tamanho das embalagens, os tipos de ingredientes com a informação nutricional, a montagem dos pratos e as opções de pagamento, já tornaria o processo mais ágil e eficiente. E isso está cada vez mais barato e acessível.

PARTE CINCO

ATIVAÇÃO DA
ATENÇÃO

PUBLICIDADE

O mercado publicitário conseguiu aprender com os próprios erros. Na conclusão de *Faixa Preta em Publicidade e Propaganda* eu disse que a atividade deveria repensar sua dinâmica e seu modo de operação, assim como o cinema e a música conseguiram agir rapidamente diante da primeira ameaça de pirataria e, posteriormente, com a ascensão dos serviços de *streaming*. As ameaças que pareciam ser a ruína da profissão, na verdade, ajudaram a nos tirar da zona de conforto (ou desconforto) das noites viradas em torno da busca pelas frases criativas e leiautes encantadores.

A publicidade, ou *advertising*, não deve ser confundida com a propaganda, embora seja comum tratá-las como sinônimos. Enquanto a primeira se refere a uma atividade profissional que contempla o gerenciamento das contas comerciais de clientes anunciantes, a segunda dá conta de criar mitologias em torno de pessoas, instituições e conceitos, disseminando, por meio de discursos, poderes inimagináveis. Tais discursos são capazes de mover multidões em defesa de regimes políticos opressores, amar ou odiar grupos étnicos ou políticos de forma irracional ou entregar a própria vida para defender ideias que a princípio não parecem fazer nenhum sentido. Com o tempo os publicitários passaram a deixar de publicar mensagens meramente informativas sobre os produtos nos anúncios, para usar o discurso persuasivo e dissuasivo da propaganda. E assim, roupas, acessórios, bebidas e carros passaram a ser vendidos muito menos por seus aspectos funcionais que pela mitologia que passaram a encarnar.

Pois bem, a publicidade cresceu, dividindo as agências nos setores de pesquisa, planejamento, atendimento, mídia, criação, produção e controle.

Porém, a pesquisa e o planejamento que se restringiam aos métodos qualitativos e quantitativos tradicionais, passaram a demandar profissionais capazes de pesquisar com *big data*, realizar análises preditivas, *data driven*, métodos ágeis, design thinking, canvas, scrum e sprint. Novas profissões abriram as portas aos profissionais que se reinventavam e corriam para a reedificação das próprias carreiras. E assim as estruturas físicas das agências ficaram pequenas e elas precisaram se organizar em *clusters* ou *holdings*. O mercado cresceu...

E o mesmo aconteceu com os demais setores: os diretores de arte e os redatores publicitários tiveram que compartilhar o restrito espaço da área de criação com os profissionais de mídia, que trouxeram, além de suas planilhas de orçamento dos veículos, as soluções criativas para milhares de novos espaços de circulação de mensagens. Entre elas, as transformações no mercado de mídia "*Out of Home* (OOH)", que praticamente tornaram seus avós, os outdoors, obsoletos. Redatores, *copywriters* ou profissionais de storytelling passaram a redigir com novas técnicas para formas contemporâneas de conteúdo, como os *e-books*, sequências de e-mails, infográficos, *podcasting*, *webnários*, vídeos para TikTok, *reels*, YouTube e *stories* de Instagram. Os powerpoints e as apresentações corporativas também se tornaram importantes canais de mídia e circulação de discursos, demandando a contratação de serviços como os oferecidos pela SOAP, uma empresa que orienta para a elaboração do roteiro e identidade visual, passando pela criação dos *slides*, a postura dos apresentadores e as tecnologias de apoio em apresentações em eventos.

Diretores de arte acostumados com as mídias impressas tiveram que aprender a leiautar vitrines e lojas inteiras com técnicas de *visual merchandise* ou criar cenários teatrais para intervenções urbanas utilizando *flashmobs*. Como já pensava Walter Benjamin (1994), teórico clássico da Escola de Frankfurt, a máquina fotográfica não fez ruir a profissão dos pintores de quadros, mas ao contrário, libertou a mão dos artistas para a descoberta de novas formas de expressão que não precisavam retratar fielmente a realidade vista pelo olhar. De maneira parecida, as novas tecnologias forçaram as agências de propaganda à mudança. Certa vez ouvi de um famoso diretor de criação capixaba, em uma entrevista que demos para um *talk show* jornalístico: "A necessidade faz o sapo pular". E acho que isso aconteceu com as agências de propaganda diante da ameaça das tecnologias digitais, que permitiram que os usuários das mídias sociais conseguissem alcançar um público muitas vezes inimaginável pela lógica publicitária, mesmo com custos bem reduzidos.

Falo agora aos meus colegas publicitários. De toda forma, a essência da atividade continua a mesma. Fazemos a intermediação entre anunciantes, veículos e públicos. Atendemos os anunciantes, pesquisamos os contextos, planejamos as campanhas de comunicação, mensuramos o potencial de retorno em cada mídia existente, criamos e produzimos as abordagens em forma de peças criativas, veiculamos em diferentes canais e mensuramos os resultados. Tudo continua igual. A diferença é que o nosso pequeno jardim se tornou a floresta Amazônica. As possibilidades, a complexidade e a responsabilidade sobre o trabalho amadureceram a atividade e os seus profissionais, que não tiveram muito tempo para assimilar as mudanças que aconteceram, acontecem e ainda vão continuar persistindo em velocidades cada vez maiores. Precisamos de uma mochila, uma prancha de surf e binóculos. O primeiro item servirá como bagagem sobre aquilo que já aprendemos. O segundo para não deixar que a onda nos atropele. E o terceiro para enxergar e antecipar aquilo que está por vir.

GESTÃO DE MÍDIAS SOCIAIS

Acredito que a maioria daqueles que procuram um emprego em gestão de mídias sociais, assim como aqueles que o contratam, sequer dimensionam a potência desse tipo de trabalho. É impossível que apenas uma pessoa gerencie todas as redes sociais, mesmo que de pequenas marcas. Primeiro porque os consumidores não são massivos, como já cansamos de dizer. E dessa forma suas jornadas não são assim tão óbvias e passam por caminhos não lineares e confusos para a mente humana. Devemos estar onde estão nossos clientes, seja no Duolingo, WhatsApp, Twitter, Pinterest, LinkedIn, YouTube, Facebook, Clubhouse, Waze, Twitch, podcasting ou até mesmo na loja física, que não deixa de ser uma mídia que promove a sociabilidade. Em segundo lugar, devemos também compreender que cada mídia social já abandonou a inocência do monocanal para se tornar uma plataforma de redes. É o caso do Instagram que se desdobra em bio, *feed, reels, story,* com possibilidades de variação de uso de linguagens como a foto, a ilustração, os *gifs,* os filtros, os efeitos, os vídeos, as frases e as histórias em carrossel.

Conhecer a cultura, a linguagem e as possibilidades dessa única mídia já é um trabalho hercúleo. Por isso, acho primário que as empresas tentem explorar estagiários para tomar conta sozinhos desta função, acreditando levar vantagem financeira sobre a boa vontade, a garra e o conhecimento dos *early adopters* e dos nativos digitais como substitutos dos profissionais. Imensa também é a responsabilidade do jovem aprendiz que aceita a tarefa, neste mundo tomado pela pandemia de ansiedade, depressão e *burnout*. E, por último, engana-se também quem reduz a gestão das mídias sociais ao bate-papo nas redes ou às postagens virais. Listo algumas funções que envolvem a gestão em *social media*:

- **Publicidade** – Criação, produção, agendamento e métricas de *posts* pagos, planejamento de mídia programática, remarketing e retargeting. Sempre com cuidados relacionados a direitos autorais da imagem e a questões legais que envolvem a exposição de pessoas ou a tônica das mensagens. Por exemplo, já vi anúncios de vagas que discriminavam a contratação pelo sexo. No caso, era vaga "masculina", o que é ilegal. Em propaganda, o barato sai caro.

- **Publieditorial** – Cocriação e gerenciamento de postagens que envolvam celebridades, bem como os macro, meso, micro ou nanoinfluenciadores. As marcas são citadas e/ou demonstradas não por seus canais oficiais e em anúncios próprios, mas pelos canais e vozes de terceiros.

- **Promoção** – Ação estratégica que tem a intenção de realizar vendas imediatas ou despertar para uma ação desejada. Os chamados gatilhos mentais são geralmente usados em ações no estilo "somente hoje" (urgência); "leve dois e pague um" (ganância); "cadastre-se para receber o *e-book*" (reciprocidade); "clique para ganhar um brinde surpresa" (curiosidade); entre outros.

- **Relacionamento omnichannel** – As mídias sociais não devem ser usadas apenas para responder aos clientes de forma bem-humorada. Muito além disso, os gestores devem identificar insatisfações, ruídos de comunicação ou falhas em qualquer ponto de experiência relatados como desabafos dos consumidores. A partir de então, devem saber como orientar e mediar os conflitos, acompanhando a resolução dos problemas com os setores específicos, como jurídico, assessoria de imprensa, relações públicas, assistência técnica, qualidade ou marketing.

- **Produção de conteúdo** – Criar para as mídias sociais, muitas vezes, consiste em administrar uma série de linguagens, formatos e tecnologias capazes de envolver os consumidores no universo das marcas, de forma a dissuadir as intenções publicitárias. Os clientes fogem de anúncios tradicionais e interesseiros, mas precisam de entretenimento, informação, aprendizagem e prestação de serviços úteis e despretensiosos. E é nesse aspecto que as mídias sociais devem se focar para promover mensagens que envolvam os públicos no universo discursivo da marca. Por isso a integração de *skills* que envolvem inbound, SEO, técnicas de storytelling, copy, além do design de experiência e de interface não pode deixar de fazer parte da rotina dos popularmente chamados *"social media"*.

- **Controles e métricas** – Gestores de mídias sociais devem saber controlar e mensurar resultados, avaliar informações, cenários e, assim, transformar os acertos e os erros em canais de aprendizagem para todos os envolvidos. Por isso, é importante conhecer muito bem os indicadores-chave de performance, ou KPIs (*Key Performance Indicators*). Devem tomar muito cuidado com as métricas de vaidade, pois o número de curtidas, visualizações, seguidores e até mesmo as vendas podem ser falsos indicadores de sucesso. Eu não consideraria como um êxito a simples venda de 1 milhão de cópias deste livro em razão de alguma promoção de preço ou abordagem enganosa. É muito melhor, para a alma e para a marca, considerar que a obra é útil, agradável e bem-aceita por um público qualificado, que continuará confiando nas minhas aulas, publicações e demais projetos educativos.

A NATUREZA DAS MÍDIAS SOCIAIS

Acho bastante curioso quando alguém trata as mídias sociais como se fossem novidades. Embora o fenômeno iniciado nas experiências do mIRC, ICQ e posteriormente Orkut seja algo relativamente recente, nossa temporalidade adulta já não nos permite esse olhar inocente sobre as tecnologias que permitem a conexão de grupos e a expansão viral de saberes. De 1995 até hoje já se passaram algumas décadas, de forma que os chamados "nativos digitais" já podem ser considerados adultos. Alguns já comandam corporações multinacionais, conglomerados de mídia ou indústrias criativas globais. Eles nasceram em um mundo pós-internet. Então poderíamos parar de tratar as mídias sociais como clichês, novidades e reinvenções da roda. Repita comigo: "não são novas mídias".

Elas, as mídias sociais, há muito tempo já representam as novas configurações dos cartões de visita, dos pontos de venda ou dos serviços de atendimento ao consumidor. E, além disso, ainda são a versão digital da mesa onde é servido o almoço de domingo na casa da avó, onde a família destila toda a sorte de pensamentos aleatórios, dos despretensiosamente cômicos aos exageradamente conservadores e cruéis.

Precisamos então compreender as mídias sociais em seus conjuntos de potências estratégicas, sem com isso reduzi-las. Aliás, faremos juntos um exercício: desconstruir a natureza de cada mídia social. Confessarei agora qual é o meu maior medo como autor! Sabe qual foi a minha maior preocupação ao escrever o *Faixa Preta em Publicidade e Propaganda* e recorrer ao mesmo suposto erro nesta que pode ser considerada uma espécie de continuação da obra? Eu não queria me tornar obsoleto. Aliás, esta é uma das principais orientações aos autores de não ficção, tentar tornar as obras não datadas.

Não tenho a intenção de falar sobre as novas tecnologias e ferramentas, os novos conceitos e contextos, sabendo que o tempo não anda, mas galopa. Mas isso é inevitável. Porém, é possível exemplificar um conceito a partir de uma tecnologia atual, e fomentar a reflexão do povo futuro sobre os fenômenos que acontecerão nas suas épocas. Por isso, me perdoe se vou falar do LinkedIn ou qualquer outra ferramenta para um leitor que talvez nem saiba o que é isso ao se deparar com a obra em 2038, mas talvez este tipo de reflexão possa semear, incentivar, inspirar contextos futuros. Maquiavel, Sun Tzu, Thomas More e Platão não conseguiram fazer isso? E recentemente (mas nem tanto) Foucault, Baudrillard, Pierre Lévy e Henry Jenkins não repetiram a façanha? Eles falaram sobre as implicações das redes e das tecnologias de comunicação de forma atemporal. É um sonho e um convite. Falarei com os exemplos das tecnologias presentes, sob um olhar do passado sem deixar de problematizar as tendências. Por isso convido o leitor para um exercício de empatia autoral e não me julgue pela análise da mídia atual, mas use as reflexões aqui propostas para produzir diferenças e inventividades sobre as repetições, seja em qual cenário estiver.

O LinkedIn, por exemplo, é uma mídia social criada para conexões laborais, contatos profissionais, visibilidade mercadológica, busca de oportunidades de emprego, aprendizagem, desenvolvimento de habilidades (que ali chamam simplesmente de *skills*) e contato com os fornecedores. Como você pode explorar essa rede com a sua marca? Além da cultura voltada para as conexões profissionais, penso ser muito possível ressignificar a rede com estratégias criativas. Por exemplo, marcas como a Netflix poderiam explorar a metalinguagem de suas narrativas para promover suas séries originais. Personagens do universo ficcional da marca que buscam recolocação profissional ou que vivem conflitos pessoais no escritório, poderiam muito bem viralizar com perfis criativos ficcionais.

Onde está escrito nas regras do LinkedIn que ali só pode falar sobre um assunto? Eu não gostaria de restringir a potência de tal mídia. Um político pode usar a rede para explicar o que pensa sobre os problemas de emprego, renda, gestão e incentivos fiscais. Impressiona-me a miopia estratégica de pessoas e marcas que pensam que o LinkedIn é uma plataforma de empregos. Em tudo o que existe há trabalho. Até mesmo o lazer é importante para a produtividade laboral e não é à toa que temos as férias (e uma impressionante economia que envolve o turismo e o descanso) e best-sellers que tratam o assunto, como Domenico De Masi (2012) fez em *O Ócio Criativo*. Não seria então uma oportunidade para que redes hoteleiras criem postagens com antídotos para essas pessoas tão obcecadas pelo mérito profissional na rede em questão? Particularmente, nunca vi postagens turísticas ou de entretenimento no LinkedIn. E sempre me pergunto: Por que não?

Pensaremos agora nas mídias como Instagram, Facebook, LinkedIn e YouTube. Todas essas plataformas permitem a postagem de vídeos, mas o que diferencia cada uma é justamente a linguagem particularmente singular, não necessariamente promovida pelo meio, mas pela cultura. Com o tempo, cada uma dessas redes passou a ter um espírito forjado sobre uma espécie de pacto invisível estabelecido entre os usuários, que dosam suas narrativas com emoções que transitam entre a comédia, a tragédia e a epopeia.

É como se o Instagram encarnasse o arquétipo do amante e servisse para criar um véu sobre a realidade, escondendo a tristeza, a infelicidade e a miséria para exibir as pessoas como se fossem marcas sedutoras. Ali predomina a vitrine.

Já o TikTok assume a hiper-realidade zoeira, o arquétipo do mago e do fora da lei, com seus filtros de distorção plástica, manipulação do tempo e da emoção. Até mesmo a sensualidade é exacerbada e mágica, com a exibição de corpos impossíveis pela natureza.

O YouTube se pretende crível. Quando exibe a comédia, deve se assumir como tal, mas pode se mostrar informativo, educativo ou até mesmo infantil. É uma mídia que ressignifica a ideia da televisão, com sua programação que já nos indica o que é uma novela, um telejornal ou um programa infantil.

Já as postagens em vídeo do Facebook geralmente servem como ilustrações dos egos. Sempre enxerguei a mídia em questão desta forma: um álbum de fotografia da alma, em que as pessoas não somente mostram as imagens visuais das suas vidas, mas expõem até mesmo o que não deveriam sequer pensar, em um contexto minimamente humano. Os diferentes formatos de vídeos postados no Facebook geralmente complementam as postagens, os pensamentos, as falas e os movimentos já realizados cotidianamente nesse verdadeiro diário pessoal.

Enfim, embora cada mídia pareça, a princípio, ter características e intenções próprias, faço um convite para a ressignificação, a inventividade e a criatividade em torno delas. Aprenda com os outros. Observe o que eles estão fazendo. Mas não necessariamente você precisa repetir cegamente a profusão de clichês nas postagens. Esses dias ouvi algo interessante sobre duas expressões religiosas e aqui as usarei como metáforas estratégicas:

- **"Vigiai e orai"** – Orar importa, mas mantenha o seu olhar atento. Orar não vai desviar o caminhão, caso você resolva trafegar no sentido oposto de uma rodovia.

- **"Confie em Alá, mas amarre o seu camelo"** – Ou seja, não fuja de suas responsabilidades. Faça a sua parte aqui na Terra e cuide da parte espiritual.

Não sei se fará muito sentido, mas uso as frases supracitadas como metáforas para dizer que "uma coisa é uma coisa... outra coisa é outra coisa", ou seja, é importantíssimo aprender com as experiências anteriores, mas subverter a racionalidade, se isso parecer inteligente. Contar com a experiência anterior faz parte do processo de subversão e inventividade. Observar e aplicar métodos, conceitos e práticas que já deram certo para produzir diferenças sobre as repetições. É sinal de inteligência mesclar o conhecimento e o planejamento com a criatividade e a inovação. Em resumo:

- Cada mídia tem a sua natureza.

- As mídias são transformadas a partir dos usos e das culturas.

- É possível ser criativo e inventivo, ao descobrir como subverter, ética e inteligentemente, as regras de cada mídia.

IMERSÃO E TÁTICA NAS MÍDIAS SOCIAIS

Não pretendo aqui dissecar todas as mídias sociais existentes, até porque, como eu já disse, pretendo que este livro seja atemporal, mesmo que trate sobre um ecossistema tão dinâmico como a comunicação estratégica. Dependendo do seu momento de leitura, talvez as mídias mencionadas já estejam extintas. Por exemplo, escrevi sobre Google Plus no *Faixa Preta em Publicidade e Propaganda*, e um ano depois o Google abandonou a ideia de ter uma mídia social concorrendo com o Facebook. Também poderia ter escrito sobre o Facebook como se fosse uma corporação, mas a empresa se reposicionou pouco tempo depois com o nome de Meta. Não imagino como ela estará no próximo ano. Mesmo assim, acho importante mostrar a importância em tatear as mídias sociais.

Quem me conhece, diz que eu tenho a mania de "escanear tudo". Eu já fazia isso antes de ter lido o *Small Data: Como poucas pistas indicam grandes tendências*, de Martin Lindstrom (2016) ou *A Invenção do Cotidiano*, de Michel de Certeau (2012), livros que apontam para a importância sobre o olhar atento aos mínimos movimentos inventivos cotidianos. Vou a uma festa e observo a dinâmica dos garçons, as saídas de emergência, os protocolos de segurança, a apresentação dos pratos, os códigos de vestimenta dos convidados, os padrões gestuais, as crises e as tensões sexuais entre os casais, os flertes entre as pessoas até então desconhecidas e até mesmo as variações na climatização do ambiente. E, mesmo assim, consigo aproveitar e me divertir nos eventos. Faço o mesmo ao assistir filmes, ir ao supermercado, ler livros ou caminhar nas ruas. Tudo comunica. Tudo tem a implícita capacidade de ensinar algo. E não poderia ser diferente com as mídias sociais. Tatearemos de forma ampla, em caráter didático, apenas o Instagram.

O Instagram parece ter surgido como um humilde espaço para exibição de fotos pessoais, um microblog imagético, comprado pela Meta (que ainda se chamava Facebook) para se tornar mídia social. Mas aos poucos se mostrou uma proeminente plataforma que, ouso dizer, passou a apresentar potencial estratégico muitas vezes superior ao próprio Facebook. Ele é considerado uma plataforma por suportar diferentes meios e canais. Cada uma de suas possibilidades contém particularidades que devem ser estudadas pelos estrategistas das redes: perfil, bio, *stories*, *reels*, *feed*, *hashtags* e loja.

Provavelmente ainda na publicação da primeira edição deste livro o Instagram já experimentará novos formatos e novas linguagens. Por isso, como professor, sempre oriento no sentido da principal habilidade estratégica: aprender a aprender. Nunca quis dar aulas ou escrever livros com a pretensão de criar manuais profissionais. Quero que meus alunos e leitores tenham brilho nos olhos, o entusiasmo necessário para não somente acompanhar as tendências e novidades, mas antecipá-las. Por isso, muitas das sugestões que farei sobre o uso estratégico do Instagram, certamente devem se aplicar a algumas plataformas existentes e outras que ainda serão lançadas.

A seguir abordarei alguns pontos de atenção em relação ao Instagram:

▫ **ENGAJAMENTO** – Observe os resultados de cada tipo de ação de engajamento. O sucesso de qualquer tipo de estratégia de marketing é relacionado à capacidade de analisar os resultados e aprender com as experiências. Por isso, posso dizer que as gigantes da tecnologia não abrem o jogo sobre seus algoritmos, que são baseados em cálculos complexos e mutantes. Eles se transformam à medida que a máquina aprende, uma vez que se volta para a otimização dos objetivos previamente estabelecidos (crescimento, vendas, engajamento e branding) e direcionados pelos bilhões de rastros deixados pelos usuários.

Vamos supor que um usuário tenha 10 mil seguidores no Instagram. Mesmo que ele poste algo interessante, não há garantia de que a publicação aparecerá no *feed* dos seus seguidores, que também devem seguir milhares de outras pessoas. E é aí que entra o algoritmo, que prevê o que os usuários gostariam ou mereceriam ver em sequência. Mas o que sabemos a partir da experiência dos maiores estrategistas das mídias sociais é que, pelo menos por enquanto, há uma hierarquia em relação às interações dos usuários com as suas postagens.

E como praticamente todas as interfaces criadas para o universo digital se baseiam em referências do mundo real, vou exemplificar os níveis de importância e intensidade (já que estamos também falando sobre café) com o funcionamento dos algoritmos da precursora das mídias sociais: o bate-papo na pracinha. Peço primeiro que o leitor observe atentamente o gráfico a seguir:

Figura 10 – Funcionamento dos algoritmos

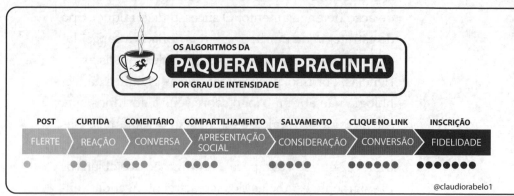

Fonte: Cláudio Rabelo (2022).

Antes de 1995, os jovens costumavam sair à noite para as pracinhas no domingo. Não sei se ainda fazem o mesmo. Quando se interessavam por alguém, primeiro havia o flerte... Era o equivalente a uma *postagem*, como os pavões fazem para chamar a atenção das pavoas. As garotas mexiam nos cabelos, os rapazes assobiavam, davam tchauzinho, estendiam a mão perguntando se poderiam conhecê-las. Em seguida havia uma reação, que poderia ser uma demonstração de *unlike*, como uma careta, ou uma *curtida* em forma de sorriso, aperto de mão ou entrega do número do telefone. A partir de então havia a conversa... Sim, embora eu não me sinta assim tão velho, posso dizer que na minha juventude havia a conversa, pois tínhamos como protocolo estabelecer uma conexão humana antes do contato físico, o equivalente aos comentários que fazemos hoje, nos *posts* que nos interessam. Depois do convite para o primeiro e o segundo encontros, queríamos apresentar a pessoa aos amigos e para a família. Pensávamos: "É tão bacana que tenho que *compartilhar* a boa notícia para as pessoas da minha rede". Mas daí batia a saudade. Seria legal poder reencontrar a paquera, hoje conhecida como *crush*, facilmente, sempre que fosse possível. O namoro era uma espécie de **salvamento** de um conteúdo bacana para consultas posteriores. E, por fim, queremos seguir com nossos amores. Saber o que fazem em primeira mão. Então **seguíamos** juntos em um casamento. Quando a relação desgasta, deixamos de seguir as pessoas; os amigos do casal também escolhem seus lados, reduzindo nossas capacidades de socialização. É o equivalente ao que os algoritmos fazem hoje quando você perde seguidores, ou seja, podem entender que você anda se tornando menos relevante. Se houver **bloqueio**, pior ainda, pois significa que a separação foi litigiosa.

Deixando um pouco de lado as metáforas, vamos discutir cada uma das formas de engajamento capazes de impulsionar os perfis com base no conhecimento dos algoritmos:

» **Aquisição de seguidores**: Muitas vezes o clique no botão "seguir" é ainda melhor que o que direciona para a página de vendas. Isso porque um seguidor é um potencial evangelizador da sua marca, que pode não somente comprar repetidamente seus diferentes produtos e engajar com seus *posts* patrocinados, como também espalhar os valores da sua marca de forma viral. Porém, não custa lembrar que o alto número de seguidores não significa muita coisa para o Instagram. O que importa para o algoritmo é o engajamento do público. É como a metáfora que diz que não basta existir, mas viver. O Instagram somente entrega a visualização de perfis que interagem com os públicos. Já vi contas comerciais meramente publicitárias, que lotam o *feed* com mensagens de vendas e anúncios que mais parecem ter saído dos jornais impressos dos anos 1990. Publicidade clichê e invasiva é facilmente identificada pelos algoritmos para que seja escondida dos consumidores que não aguentam mais a poluição publicitária gratuita. São entregues pelo patrocínio, mas dificilmente ampliam o alcance de forma orgânica.

» **Clicar no link**: O conteúdo convenceu o cliente a ir até uma *landing page*, seguir sua bio, assinar uma *newsletter* ou comprar um produto. O algoritmo entenderá que sua comunicação foi muito eficaz.

» **Salvamento**: Mostra que seu conteúdo é tão útil que o usuário resolveu salvar em uma coleção, para consultas posteriores.

» **Compartilhamento**: O usuário acredita que seu conteúdo possa ser útil para alguém.

» **Comentário**: A postagem não passa despercebida. Em meio à crise da atenção, o conteúdo conseguiu despertar algum tipo de interesse e criar interação com o público.

» **Curtida ou reação**: Seu público simplesmente quer demonstrar que o apoia ou gosta do que você publica.

Levando essa hierarquia em consideração, é importante que o gestor das mídias sociais saiba produzir os conteúdos que sejam relevantes como materiais de consulta; compartilháveis; interessantes para que promovam conversas; empáticos para que sejam incentivados e apoiados. Nem sempre tudo isso consegue ser feito na mesma postagem e por isso o produtor de conteúdo deverá ter em mente aonde quer chegar com sua publicação.

- **PERFIL** – É o cabeçalho da sua página neste microblog. É composto pelos seguintes elementos: foto, nome de usuário, site, bio e informações comerciais públicas.

    » **Foto**: Você deve escolher muito bem a imagem de exibição, que pode ser a aplicação do seu logotipo (em área circular) ou uma fotografia que sintetize o "espírito" do discurso que a sua marca comercial, institucional ou pessoal deseja passar.

    » **Nome do usuário**: deve ter significado e ser de fácil memorização e compartilhabilidade.

    » **Site**: Endereço do seu site.

    » **Bio**: Deverá contar uma boa história, em 150 caracteres, a ponto de convencer as pessoas de quem você é ou o motivo que justifica a relevância para que seja seguido.

    » **Informações comerciais públicas**: Configurações que explicam aos seguidores como entrar em contato, caso tenham intenções comerciais. Endereço da página, categoria do negócio, opções de contato (e-mail e telefone) e botões de ação.

- ***FEED*** – É o mural que deve ser alimentado de conteúdo. Funciona como um cartão de visitas ou uma espécie de *home*, a porta de entrada para o conhecimento da marca no Instagram. Por isso, cada postagem no mural deve ser pensada não só em seu caráter individual, mas também como uma parte do mosaico.

  » **Identidade visual**: Fundamental que seja feito tal estudo para que o mural retrate o espírito da marca. Criar critérios visuais será de extrema utilidade nesse sentido: escolha as fontes (famílias tipográficas), delimite uma paleta de cores, o acervo para o uso criterioso dos filtros, assim como os padrões de enquadramento fotográfico, as proporções, as modulações e as aplicações de logotipos, os elementos de apoio e a linguagem gráfica.

  » **Agenda para os conteúdos**: Já vi algumas dezenas de pessoas ganhando muito dinheiro vendendo modelos de planejamento para postagens no Instagram. Com a nova crise da atenção e a ascensão dos métodos ágeis como Design Thinking, Canvas, Scrum, Lean e Sprint, os *planners* se tornaram a evolução das tradicionais agendas. Particularmente, acredito que o planejamento dos *posts* deve servir como referência e não como lei. No caminho podem surgir contextos inesperados, propícios para postagens de oportunidade, assim como postagens agendadas automaticamente podem cair na armadilha de conflitar com algum acontecimento traumático e, consequentemente, afetar negativamente a marca.

Dentro do planejamento podem constar dicas e cápsulas de conhecimento relacionadas ao universo da marca, fotos pessoais que conferem humanidade à mensagem, frases inspiradoras, imagens conceituais, agenda de eventos, informações úteis e até mesmo a venda propriamente dita. Intercalar a aprendizagem do universo da marca com beleza estética, informação, inspiração e vendas é uma excelente forma de promover um *feed* dinâmico e que conversa com os públicos localizados em diferentes pontos do funil ou da jornada de compra.

» **Hiper-feed**: Entenda que o *feed* é a sua *home*, que pode ser o ponto de contato com outros canais, formatos e linguagens. Somar criatividade e estratégia pode potencializar substancialmente esse espaço, equivocadamente tratado como um simples histórico de *posts*. Gosto de pensar nesse espaço como um hipertexto, capaz de conectá-lo com outros pontos de contato da marca. O mosaico, por exemplo, é capaz de dividir uma única imagem em 9 postagens consecutivas, criando um efeito visual esplêndido, quando bem utilizado. As postagens também podem ser resumos de vídeos, que funcionam como links para o *reels*, ou fotografias esteticamente trabalhadas com uma suposta despretensão comercial, com links que direcionem para compras de todos os itens que compõem o cenário, direcionando para o shopping, dentro do próprio Facebook (atual dono do Instagram). Já produzi, por exemplo, miniaulas em forma de postagens em carrossel, informando na última imagem que a lição em vídeo estaria disponível no canal do YouTube. Lembre-se, portanto, que a atenção das pessoas é algo bastante valioso nesses tempos de caos informacional. Conseguir levá-las de uma mídia a outra, com interesse no que você tem a dizer, é algo que não tem preço.

- **DESTAQUES** – Uma área nobre do Instagram, que consegue dividir em categorias os stories salvos. O gestor da mídia social deve criar títulos e capas, mantendo a unidade visual e a pertinência estratégica. No meu perfil @claudiorabelo1 criei um destaque compilando os *stories*, com links para os vídeos das entrevistas ou *lives* que participei como convidado. Outro destaque nomeei como "miniaulas", ou seja, as postagens em sequência de carrossel em que promovi dicas de marketing digital e estratégia. Para fazer isso, tive que compartilhar a postagem no story para que pudesse ser incluída na sessão "destaque". A significativa vantagem dos destaques diz respeito à perenidade e à sequência da sua mensagem como uma história.

- **STORY** – Trata-se de um vídeo curto em formato de 15 segundos, mas também pode ser adicionado a partir de um arquivo de vídeo de até 60 segundos, dividido em quatro partes, publicadas automaticamente de forma consecutiva. O story fica disponível para visualização por apenas 24 horas e mostra que sua marca é dinâmica, que ela conversa com os públicos e que tem conteúdo contínuo e atualizável. Gera engajamento e chama a atenção dos desavisados que passam rapidamente à procura de um gatilho que seja capaz de parar seus dedos, que lançam sobre as telas, movendo conteúdos desinteressantes para a esquerda, como uma nova manifestação do tradicional efeito *zapping*, popularizado teoricamente em razão da cultura fomentada após o surgimento dos controles remotos criados para as antigas TVs. Você deve se lembrar disso ao criar o *story*, pois não basta que o conteúdo seja interessante, mas que capture a atenção logo na primeira imagem ou frase.

É justamente para salvar e organizar as postagens, levando seus seguidores diretamente para os conteúdos de interesse específico que salvamos os *stories* como destaques. No caso, *influencers* que produzem conteúdo sobre estilo de vida, por exemplo, podem classificar destaques por *looks*, viagens, dicas, reflexões ou parcerias comerciais, como se fossem canais organizados por assuntos.

Nos *stories* é possível marcar pessoas, que quando gostam das postagens, compartilham em seus próprios perfis, ampliando assim o engajamento da postagem. Também há a possibilidade de inserir *gifs* ilustrativos e até mesmo links que levam para outras publicações, *landing pages* ou até mesmo para páginas de vendas.

▫ **POSTAGENS** – As postagens podem ser feitas em imagens únicas, como fotografias, ilustrações, infográficos, frases ou carrossel, ou seja, uma sequência de imagens que contam uma história. É fundamental criar um bom texto, que não repita a informação da imagem, mas que seja um complemento, preferencialmente com chamada para a ação. Algumas pessoas separam com espaços ou pontos (seguidos de *"enter"*) os textos, que funcionam como *leads* de um jornal, das hashtags, a fim de promover equilíbrio e clareza visual nas informações. As postagens do *feed* também podem ser vídeos com prévias dos stories, *reels* e até mesmo os compartilhamentos do TikTok.

Quando o perfil atende a todos os requisitos e possui uma loja cadastrada no Facebook, também podem ser publicadas postagens com links que direcionam para a venda dos produtos específicos como, por exemplo, peças de decoração que compõem um cenário ou as roupas e os acessórios utilizados pelos modelos.

Algumas postagens mais recentes devem indicar conteúdos que precisam ser ampliados, em forma de um artigo de blog, um vídeo, ou outro tipo de material. Embora o Instagram permita apenas um link na bio, você pode usar alguns *gadgets* e aplicativos que fazem cartões virtuais com links para todas as suas mídias sociais. Músicos, por exemplo, usam o link na bio, direcionando seus públicos para uma árvore de links que apontam para múltiplas plataformas, como o Spotify, o Deezer, ou a Amazon Music, por exemplo. Para criar a sua árvore de links, eu aconselho o uso do Linktree: https://linktr.ee/

Qualquer comentário em sua publicação pode ser fixado, ou seja, enviado para o topo e colocado em destaque. Isso pode ser muito útil para mostrar a positividade em destaque para os demais seguidores, além de encorajar as pessoas para comentários mais generosos. Também funciona com muita eficácia fixar os comentários de pessoas relevantes no seu setor, ativando assim o gatilho mental de autoridade.

- **REELS** – Já escrevi na minha tese de doutorado em 2011 que uma caneta somente pode ser considerada uma tecnologia em razão do seu uso particular. Pode ser bélica, artística, poética, política, literária, ou até mesmo estética. Uma caneta pode matar, criar imagens, produzir poesias, assinar tratados, contar histórias ou prender o cabelo em um rabo de cavalo ou coque, penteados do cotidiano, ou seja, a tecnologia está no uso e não "na coisa". Da mesma forma é contraproducente comparar um vídeo de 30 segundos veiculado no intervalo do telejornal ao vivo, com a mesma mensagem publicada no YouTube, TikTok ou *reels*, cujas postagens permitem, no momento desta edição, vídeos de até 60 segundos, geralmente publicados com efeitos especiais e filtros fornecidos pelo aplicativo e uma linguagem mais apelativa e despojada.

- **LOJA** – É possível criar uma loja no Instagram para vender seus produtos e serviços. Para isso é necessário ter uma conta comercial, que esteja interligada a um perfil no Facebook, com uma conta no gerenciador de negócios da rede em questão. Também é fundamental ter um *e-commerce* para conectar à conta. Existem muitas ferramentas concorrentes disponíveis para isso e sugiro ao leitor que avalie as mais atuais, os custos e as vantagens de cada uma. Elas trarão a possibilidade de relacionar o perfil ao e-mail, ao estoque e até mesmo ao cálculo de frete pelas empresas de logística. Tão importante quanto dispor o catálogo de vendas é a contratação de um serviço fácil de contratar e instalar, como o MOIP, para oferecer aos seus compradores diferentes formas de pagamento. É um sistema de cobrança, seguro e simples, que faz a intermediação com uma série de bancos, bandeiras de cartões de crédito e financeiras, com proteção contra fraude.

◦ **PROMOÇÃO PAGA** – Impulsionar anúncios em mídias como o Instagram tem como vantagem, além da possibilidade de segmentação (*target*), também o mapeamento de comportamentos esperados (*behavioral targeting*) e até mesmo a repetição de abordagens em públicos predispostos a adquirir o produto ou serviço à venda (*retargeting*). Anunciar no Instagram é extremamente menos custoso que promover mensagens nas mídias impressas ou eletrônicas tradicionais. Além disso, é possível segmentar grupos de anúncios por intenções e objetivos, controlando a informação para consumidores que estejam em diferentes etapas da jornada. Por isso deveremos estabelecer e mapear os indicadores-chave de performance, com estratégias de argumentação capazes de gerar o engajamento esperado, como a conversão em inscrições, vendas, cliques no link, salvamento, compartilhamento, comentários ou curtidas. Há tipos de abordagens específicos para cada tipo de resposta esperada.

◦ **USO DE INFLUENCIADORES** – Impressionante como muitas marcas demoraram a entender e a aderir ao uso dos influenciadores para o impulsionamento de suas marcas. Entendo, pois até mesmo os próprios produtores de conteúdo, no geral, demoraram a entender, profissionalmente, o potencial dos seus canais como plataformas de negócios. É claro que isso deve ser muito bem planejado, pois os *influencers* são pessoas, de carne e osso, que criam personagens de si mesmos nas mídias sociais. No entanto, eles sofrem, têm depressão, ansiedade e emitem opiniões muitas vezes contraditórias. Enfim, como todo ser humano, sentem de forma transitória sentimentos como felicidade, rancor, tristeza, inveja e orgulho. A Apple, por exemplo, é uma marca que não sofre com divórcio, luto, doenças ou consequências de um acidente. Já os *influencers* são marcas frágeis, que sentem fome e vaidade. E por isso adoram retribuir, com textos espontâneos, "os recebidos".

Diante das particularidades que qualificam o uso de influenciadores nas estratégias de comunicação, é importante investir na profissionalização da ação patrocinada, sem com isso perder a naturalidade característica das abordagens dos produtores de conteúdo. Os *influencers* geram engajamento, exatamente pelo aspecto espontâneo de suas postagens. Por isso, é fundamental estabelecer textos que envolvam a cocriação entre as marcas que explicam seus valores, suas abordagens e seus objetivos.

SUGESTÃO DE EXERCÍCIO

Mapeie taticamente outra mídia social, como LinkedIn, TikTok, Tinder, Pinterest, Facebook, Clubhouse, listando as possibilidades de postagens, abordagens estratégicas, especificidades de linguagem e características de comportamentos esperados por parte dos públicos.

28

DARK SOCIAL

Aplicativos de mensagens como WhatsApp, Telegram, Messenger, assim como o chat do Google Meet, Skype ou Instagram são criptografados de ponta a ponta. Isso significa que arquivos, documentos, links ou mensagens que ali circulam não são rastreáveis pelos softwares que analisam os dados. Isso também quer dizer que, diferentemente do que ocorre com as postagens no Instagram, em que é possível mensurar o engajamento que ocorre por meio de comentários, curtidas, compartilhamentos, salvamentos, cliques nos links e até mesmo a conversão em vendas, tais aplicativos deixam as métricas no escuro, sem visibilidade ou rastreabilidade precisa. É possível que, por isso, as agências de propaganda ou os anunciantes podem sempre ter um "pé atrás" para optar por ações nesse sentido. Como medir a eficácia das campanhas que circulam entre conversas privadas e protegidas, ou seja, no escuro?

Embora sejam difíceis de mensurar, não podemos negligenciar a eficácia das ações de comunicação contempladas em tais mídias. Basta lembrar que, dentro de uma linha que separa os nanoinfluenciadores das celebridades, quanto maior a intimidade entre os interlocutores, maior a chance de conversão. Uma conversa que circula em um grupo de WhatsApp criado por uma confraria para degustação de vinhos, com indicação de uma nova marca comercializada no supermercado da cidade, tem confiabilidade maior que um anúncio patrocinado. De maneira parecida, um bate-papo entre duas amigas discutindo as notícias sobre um escândalo político poderia abalar suas decisões nas próximas eleições. Dark social também pode ser considerado um excelente canal para discutir assuntos considerados como tabus, tornando-se responsáveis pela criação de verdadeiras novas culturas de consumo. Hipoteticamente, é provável que nas mídias fechadas algumas mulheres conversem sobre coletores menstruais, vibradores e procedimentos estéticos. Idosos, policiais, professores, sindicalistas, empresários, grupos religiosos e estudantes talvez se sintam à vontade para difundir opiniões sobre as suas visões políticas peculiares, subvertendo os cenários apontados pelas pesquisas de opinião.

Embora, infelizmente, tais redes tenham ajudado a eleger uma série de governos extremistas por meio da circulação de desinformação e notícias falsas disparadas por robôs, dark social não tem nem um tipo de conotação publicitária negativa ou antiética. O nome se deve justamente pela segurança das conversas não rastreáveis, que traz a desvantagem para os estrategistas na mensuração das métricas, mas, por outro lado, tem poder de geração de *buzz* e viralização de mensagens massivas, promoção de conversas engajadas e até mesmo conversão no objetivo da persuasão. Listarei algumas sugestões estratégicas:

- **Pense na jornada da mensagem** – Ela deve nascer como um fato curioso, capaz de gerar conversa. Pode ser apenas uma mensagem ou um ciclo de mensagens, com ideias repetidas, mas exemplificadas de diferentes maneiras. Por exemplo, uma fabricante de refrigerantes pode viralizar um conteúdo ficcional sobre as tentativas engraçadas de produzir foguetes com as suas garrafas PET. Na sequência, vídeos supostamente caseiros, mas deliberadamente produzidos por especialistas, podem mostrar outras formas criativas de reutilizar as embalagens. Poderiam ser recicladas para a construção de regadores de plantas, porta-celulares, lanternas lúdicas ou brinquedos infantis. Talvez seja importante indicar o link ou endereço de uma *landing page* que direcione os públicos para ambientes de gamificação, com minicursos ou tutoriais que ampliem ainda mais a experiência inventiva em torno da marca.

- **Envolva gestores de comunidades ou influenciadores** – Pessoas famosas ou importantes para os públicos, além de chamarem a atenção para as causas também têm um poder imenso de replicação viral. Certamente, se você tem mais de 30 anos, deve se lembrar do "desafio do balde de gelo", criado para gerar conscientização e doações para o combate à esclerose lateral amiotrófica (ELA, sigla em inglês ALS). A ação mobilizou celebridades de todo o mundo, que tomavam banhos com baldes de gelo como forma de motivar as doações. Essa "brincadeira" envolveu pelo menos 20 milhões de pessoas e aproximadamente 500 milhões de visualizações, somente em vídeos rastreáveis. Para se ter uma ideia, em pouco mais de um mês de ação, a Associação Americana de ALS arrecadou 115 milhões de dólares, um valor 41 vezes maior que o ano anterior.

- **Faça convites e pedidos** – Posso exemplificar com uma ação bem bacana, em que foram feitos convites, nominalmente, aos diretores de agências de propaganda no Espírito Santo. Pelas mídias sociais eles marcavam seus concorrentes, convidando para a doação de alimentos para o Instituto Vovô Chiquinho, que atende diariamente 600 crianças. Já na primeira semana 16 agências de comunicação doaram 5 toneladas de alimentos, brinquedos, serviços de marketing, além de um ano de pagamento das contas de internet, energia elétrica e gás. Em dark social é promissor realizar convites, desafios e pedidos. Faço aqui meu apelo: Que tal enviar uma mensagem de WhatsApp ou Telegram para publicitários, estrategistas, administradores, profissionais de comunicação, professores, empresários e estudantes que possam se interessar por esta obra?

▫ **Cuidado com a linguagem publicitária tradicional** – Conteúdo bem-feito em dark social deve parecer desinteressado. Linguagens publicitárias artificiais e forçadas podem afastar o interesse das pessoas. Anúncios invasivos incomodam demais em tempos de economia da atenção. Dificilmente tais mensagens serão compartilhadas, pois mesmo que sejam sobre produtos altamente inéditos ou serviços absurdamente inovadores, mesmo assim devem ter a linguagem comum aos interlocutores e não um grito desesperado de venda que parte da empresa.

▫ **Trabalhe as emoções com ética e respeito** – É possível e plausível o uso do humor para dissuadir as intenções publicitárias. Por exemplo, é possível brincar com a inovação da lanterna de um automóvel em relação ao rebaixamento de um time de futebol. Isso é assunto altamente compartilhável. Mas ao usar o humor, devemos nos atentar às leis e às regulamentações da propaganda, além de ter cuidado com direitos de imagem, calúnia, difamação e injúria. Isso sem falar na retaliação por parte dos consumidores no que diz ao cancelamento resultante dos discursos. Concordo com Foucault (1999) quando diz que "o discurso não é pouca coisa"... ele mata, segrega e conjura os

173

poderes para garantir a desigualdade. Tenhamos, então, responsabilidade com as nossas mensagens, mesmo com as não rastreáveis. Como já abordamos aqui, a internet não é terra sem lei, não é um mundo à parte, mas, sim, uma tecnologia usada por pessoas, que podem responder pelas implicações sociais e legais de suas palavras.

REMARKETING, RETARGETING E DISCOVERY COMMERCE

Certa vez comprei um iPad pela loja online de uma grande varejista nacional, o Magazine Luiza ou Magalu, logo no início de sua transformação digital. Tomei a atitude após pesquisar os preços dos produtos durante a *Black Friday* e perceber que a marca se destacou nacionalmente (no Brasil) entre as demais concorrentes, incluindo a Amazon, site em que sempre faço esse tipo de compra. Ao efetuar a transação recebi um e-mail e uma mensagem pelo WhatsApp, com a promessa de transparência e disposição imediata para atendimento e suporte até o recebimento. Sugeriu-me também acompanhar o *status* da entrega pelo aplicativo oficial da marca. Vale ressaltar que em menos de cinco minutos após a compra eu já havia me relacionado com a empresa por e-mail, WhatsApp e aplicativo móvel, aceitando receber as notificações promocionais da marca. Eu desejava estar a par de cada etapa da entrega e reduzir um possível desconforto racional, em razão de uma compra feita por impulso emocional. Além disso, gostei tanto da interface amigável, do preço competitivo e da transparência durante a compra, que cheguei a desejar ser notificado sobre as futuras ofertas.

Durante a semana em que transcorria a expectativa até o recebimento, além do acompanhamento da entrega efetuada antes do prazo, o aplicativo também me sugeria ofertas similares, como o Apple Watch, um novo modelo do iPhone e alguns tipos de teclados especiais e capas protetoras para dispositivos móveis. Decidi efetuar uma nova compra e, assim, recebi um cupom que me oferecia R$ 120,00 de desconto nas transações acima de R$ 1.200,00.

Fiz uma minuciosa descrição da minha jornada de compra para contextualizar o trabalho de remarketing, ou seja, uma ação efetuada por uma empresa que utiliza *cookies* para capturar os movimentos dos consumidores na loja online e efetuar ações de *cross-selling* e *upselling*, ou seja, o primeiro diz respeito à oferta (cruzada) de produtos que tenham relação com a compra. Por exemplo, ao adquirir um notebook a loja pode oferecer benefícios para a aquisição de uma mochila específica, uma mesa de trabalho ou uma cadeira para o escritório. Já o *upselling* se refere ao upgrade na sua compra, como por exemplo a expansão da memória RAM no computador ou a aquisição de softwares que prometem aumentar a produtividade da máquina.

Após a segunda compra eu já estava seguindo a empresa no Instagram e no TikTok, canais usados pela gigante varejista para promover a marca com estratégias focadas na baixa abordagem nas vendas diretas e foco nos conteúdos funcionais e emocionais do seu discurso.

Acredito que você deve estar se questionando que a minha experiência pessoal de consumo não lhe diz respeito, mas a descrição da minha jornada certamente é parecida com a de milhares de outras pessoas, diariamente. Tudo isso é planejado muitas vezes por um robô, um algoritmo matemático complexo, capaz de aprender com seus "cliques", toques na tela ou comandos de voz, a realizar abordagens personalizadas com imensas possibilidades de conversão em acessos às *landing pages*, comportamentos esperados e vendas. E essa é uma das maneiras de se fazer remarketing nas ambiências digitais.

O remarketing, *nesse sentido*, é a estratégia capaz de criar e gerenciar o relacionamento com o consumidor em toda a sua jornada de compra. Graças ao remarketing, a Amazon continua lhe sugerindo o produto que foi colocado no carrinho virtual de compras, mas por algum motivo não foi convertido em venda. Além disso, por conhecer a cada clique o seu histórico, a sua personalidade e praticamente a sua alma, os produtos similares são sugeridos a cada site. Em termos omnichannel, isso é exponencialmente ampliado, pois passaremos a entender que lojas físicas, aplicativos, sites, mídias sociais e demais pontos de vendas são interligados de forma inteligente. Ao visitar uma loja física da Saraiva em um shopping, o vendedor deve ter a obrigação de saber que você demonstrou interesse pela saga do Harry Potter ao ter visitado o site institucional. Por mais bizarro que pareça, as marcas cantam a todo momento a clássica música popularizada pelo grupo *The Police*, mesmo sem você saber:

"Every breath you take	Cada vez que você respira
And every movie you make	E a cada movimento que você faz
Every bond you break	Cada vínculo que você quebra
Every step you take	Cada passo que você dá
I´ll be watching you"	Eu estarei observando você

Trecho da canção "Every breath you take" (Sting – The Police, 1983). Tradução do autor.

Já o *retargeting* consiste no disparo de anúncios personalizados de acordo com o comportamento dos usuários, fora dos próprios canais institucionais. Por exemplo, ao visitar o site de uma empresa e colocar um produto no carrinho, um *cookie* é instalado no navegador. Houve uma consideração de compra que, por algum motivo (possivelmente racional), não foi efetuada. Ao visitar uma rede social, como o Instagram ou utilizar o navegador do Google, tal produto é exposto na tela do usuário, como uma lembrança e um reforço para uma nova consideração de compra. Por isso temos a impressão de que as mídias sociais estão lendo as nossas mentes. Na verdade, estão fazendo muito mais do que isso, pois conhecem os nossos comportamentos individuais (*behavioral targeting*) a ponto de oferecer produtos que nós, os usuários, nem imaginamos de que precisamos. Porém, é importante ressaltar que a Lei Geral de Proteção dos Dados (LGPD) tem sido responsável pela mudança de postura das empresas em relação aos *cookies* e à transparência no uso dos dados dos clientes. Há uma tendência na redução no uso dos *cookies* publicitários e a ampliação da transparência e relevância nos relacionamentos comerciais digitais.

Há um imenso desafio em escrever uma obra focada em ações digitais, pois as tecnologias mudam e o comportamento da sociedade acompanha, mesmo que com passos mais vagarosos. Por exemplo, marcas como a Apple e o Google prometem excluir o compartilhamento dos *cookies* com as empresas parceiras, com o discurso focado na preservação da privacidade. Já o Facebook ainda cria resistência nesse sentido. A LGPD virou de cabeça para baixo o mercado que se baseava nas estratégias digitais. Estrategistas de SEO, inbound, conteúdo, automação, *copywritting*, growth, entre outros, estão tendo que rever suas "fórmulas mágicas" focadas em conversões auxiliadas por *bots*.

Por isso devo lembrar que esta obra, assim como todas as outras, não deve ser lida como guia universal, mas como ponto de inspiração para uma atualização constante dos nossos estudos sobre o mercado, as tendências e as ferramentas estratégicas. De nada adianta, como dizem alguns memes, "ter as manha" (*sic*) se não houver reflexão, pensamento crítico, visão estratégica, conhecimento, contextualização, imaginação, criatividade e inteligência. "As manha" são efêmeras e servem ao propósito temporário. Tecnologias mudam e a sociedade se adapta, mas os estrategistas devem saber efetuar análises preditivas, ou seja, prever os cenários prováveis, os possíveis e até mesmo os inimagináveis, a ponto de antecipar soluções para problemas que sequer sabemos que existem. Mas para isso é necessário um profundo conhecimento do passado e um olhar bastante atento para os *small data* que se apresentam no presente.

A expressão *discovery commerce* ganhou repercussão nos últimos anos justamente por movimentar uma nova economia baseada em oferta de produtos ou serviços que os consumidores desejam, mas ainda não sabem disso. É fruto de uma análise preditiva, ou seja, capaz de prever desejos com base nos rastros deixados pelos dados nas redes. É assustador e por isso a cada dia os debates em torno da privacidade dos dados são ampliados nas esferas jurídicas mundiais.

MÍDIA PROGRAMÁTICA

O modelo tradicional de agenciamento de propaganda se manteve por muito tempo. Marcas anunciantes queriam divulgar seus produtos e os veículos disponibilizavam os espaços nos intervalos comerciais de TV e rádio, em placas de outdoor, ou em centimetragem nos veículos impressos, como revistas e jornais. Empresas de publicidade faziam o agenciamento entre as pontas, por meio dos profissionais de mídia que **escolhiam os veículos** que **atingiriam o maior número de clientes**, com os menores custos, **dentro do público-alvo**. Ganhavam, então, 20 % de comissão sobre as negociações. Os veículos trabalhavam com os "contatos comerciais" que apresentavam seus produtos e os índices de retorno sobre investimento para os profissionais de mídia nas agências de publicidade. Era um processo manual e humano. Mas eu gostaria de dizer por que eu tenho achado tudo isso muito errado nos últimos anos!

Em primeiro lugar, não me interessaria atingir o maior número de clientes. Hoje sabemos que impactar um grande número de pessoas com anúncios pagos não quer dizer muita coisa. Poderíamos convencer influenciadores, celebridades, radialistas ou líderes sindicais por meio de relações públicas ou marketing de influência. Encantar apenas um cliente com potencial de influência já é muita coisa. Eles fariam o resto do trabalho. Além disso, é muito melhor conquistar dez clientes engajados, apaixonados, defensores e evangelizadores das marcas que mil espectadores entediados com a publicidade invasiva e repetitiva. Sabemos que entre os KPIs nos interessa muito mais o engajamento e a conversão que o número de visualizações ou curtidas.

O mesmo se aplica ao branding. É muito melhor elevar o valor das marcas que simplesmente vender, por impulso, produtos que não vão satisfazer as necessidades ou resolver as dores dos clientes. Além disso, precisamos voltar ao assunto acerca do público-alvo, que não faz mais sentido em estratégias que envolvem *behavioral targeting*. O público não é um alvo estático pronto para levar uma pedrada ou uma "bala mágica", como acreditavam os precursores teóricos da comunicação na perspectiva hipodérmica. Em vez disso, ele usa, conversa com a família, consome de forma compartilhada, responde, publica review sobre o uso dos produtos, classifica com estrelas e comentários em plataformas de vendas, além de possuir comportamento altamente volátil, nômade e líquido. E nesse sentido, a inteligência artificial consegue, por meio dos algoritmos, mapear os desejos e as intenções em vez de enquadrar os sujeitos em estereótipos. E é aí que entra o novo modelo de comercialização de espaços, conhecido como mídia programática. As principais diferenças em relação às mídias tradicionais são as seguintes:

Quadro 4 – Comparação entre mídia tradicional e programática

MÍDIA TRADICIONAL	MÍDIA PROGRAMÁTICA
Compra do espaço	Compra do resultado
Público-alvo	*Behavioral targeting*
Valor tabelado	Valor de leilão
Comercializado por humanos	Automatizado
Conteúdo massivo	Conteúdo personalizável
Escolha de mídias	Rastreio de consumidores

Fonte: Cláudio Rabelo (2022).

A mídia programática é uma tecnologia que automatiza o processo de comercialização de mídia para a publicidade com o uso da internet. As *ads exchanges* são plataformas que disponibilizam espaços chamados SSP para produtores de conteúdo (*publishers*) e DSP para anunciantes. Todo processo funciona como um leilão. Observe a Figura 11 e acompanhe o exemplo:

Figura 11 – Mídia programática

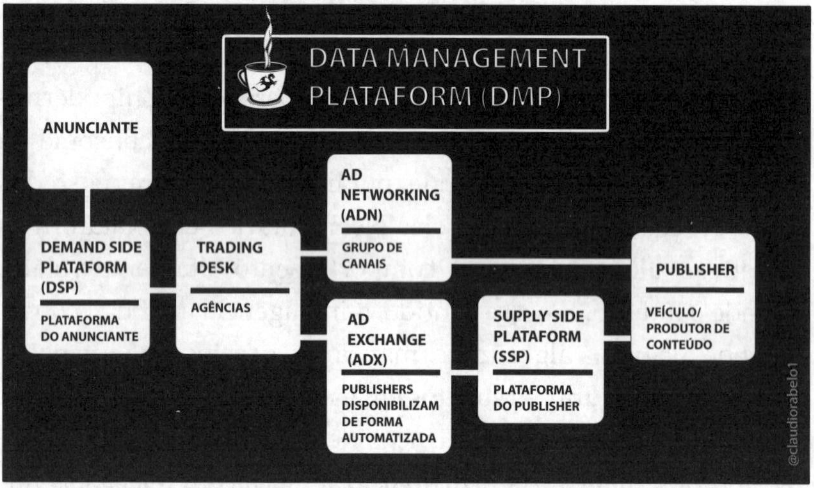

Fonte: Cláudio Rabelo (2022).

Uma matéria jornalística sobre o turismo em Cancún é publicada automaticamente no portal de notícias de um dos principais veículos de informação do país. Tal veículo disponibilizou seus espaços publicitários para venda aos anunciantes com a ajuda da SSP (*Supply Side Plataform*). Os algoritmos dessas *ads exchanges* identificam usuários que estejam procurando passagens aéreas na internet para viajar no mês de janeiro para Cancún e informam para a plataforma dos anunciantes a abertura de um leilão. Por sua vez, os anunciantes manifestam quanto estão dispostos a pagar pela publicação nos espaços disponíveis. Para isso utilizam as DSP (*Demand Side Plataform*). Aquele que ofertar o maior lance tem seu anúncio automaticamente publicado.

No mês passado, meu carro parou no meio da rua e tive que acionar a Porto Seguro para obter socorro mecânico imediato. Enviei mensagem de WhatsApp para a minha esposa relatando a situação e talvez tenha deixado outras formas de registro, como a geolocalização do iPhone, que dedurava aos algoritmos que eu estive logo em seguida em uma oficina mecânica. Na mesma tarde fui treinar meu inglês no Duolingo, um famoso aplicativo para ensino de idiomas. Entre uma lição e outra, fui interrompido por uma campanha publicitária das Baterias Moura. Certamente o processo de mídia programática, neste caso, foi capaz de direcionar o anúncio exatamente para o público predisposto para a compra do produto em questão.

Engana-se quem pensa que a mídia programática se resume a computadores pessoais ou smartphones. Tecnologias como a geolocalização, o *eye tracking*, os cartões RFID, o reconhecimento facial e a integração omnichannel estão nos levando a uma sociedade muito próxima ao mundo imaginado por Philip K. Dick em *Minority Report*. Ao passear por um shopping center, por exemplo, todas as placas ou vitrines interativas identificarão, quase que magicamente, as intenções de compra que os consumidores sequer imaginam ter. É como se o inconsciente se manifestasse fora do corpo para apontar as necessidades, as vontades e os desejos que o consciente não havia manifestado até então.

Deixamos rastros da idade dos nossos filhos na Netflix, ou da nossa saúde pelas compras que realizamos nos supermercados com o cartão, ou o tempo que gastamos caminhando ao ar livre ou nas academias de ginástica. Escrevemos com palavras em aplicativos de mensagens ou falamos para que a Alexa ou a Siri possam nos ouvir. E assim, ao caminhar pelos corredores de algum centro de compras, as placas digitais lembrarão: "Ei, sabia que o novo modelo de Playstation, que o seu filho tanto quer para o aniversário de amanhã, está em promoção na loja âncora que fica ali, a 20 metros de onde você está?".

MÍDIA OUT OF HOME (OOH)

A Torre Eiffel, o Cristo Redentor, a Torre de Pisa, o Coliseu, as Pirâmides do Egito, a Muralha da China e o Museu do Louvre são cartões-postais das cidades. Funcionam como propaganda para os *brand places*. Ao mesmo tempo que o conforto do lar promove as sensações de segurança e privacidade, o espaço público cria a atmosfera para a serendipidade, um conceito que eu gosto muito e significa: "as coisas maravilhosas que encontramos pelo caminho quando menos esperamos". Sair de casa pode se tornar uma atividade estressante ou relaxante. E as marcas que entendem disso podem criar experiências fantásticas e interativas, que convidam à sociabilidade, à ludicidade, ao lazer e que transformam as paisagens urbanas em obras de arte. Já foi o tempo em que as placas de 3 x 9 metros, conhecidas como outdoors, dominavam os espaços públicos com anúncios invasivos e poluidores visuais das cidades.

Com o tempo, as autoridades políticas passaram a enxergar a publicidade excessiva como um problema de saúde coletiva e, assim, foram criadas regras de controle de mídia exterior. Ao mesmo tempo, novas tecnologias foram popularizadas e as empresas de mídia exterior passaram a se adaptar para a nova realidade. Tornaram-se, ou pelo menos deveriam se tornar, mais criativas, com soluções úteis, decorativas e com propostas de comunicação menos invasivas. Foi uma evolução! Um mercado anteriormente calcado em uma monomídia, publicada "fora da porta" (*outdoor*) se tornou um ecossistema considerado *Out of Home* (OOH). Além disso, se integrou às tecnologias digitais, nesse caso sendo reconhecidas como *Digital Out of Home* (DOOH).

É interessante pensar que a internet das coisas trouxe consigo a dissociação dessas categorias, uma vez que os smartphones interagem com mídias exteriores, monumentos e objetos, por meio da publicidade programática, da realidade virtual, dos *QR Codes*, dos códigos de barra, dos cartões RFID, e das realidades aumentada e virtual. Ao mesmo tempo, o *live marketing* que pode se desenvolver em ações de guerrilha, *flashmobs*, feiras, eventos, estandes, arenas, entre dezenas de outras possibilidades, também se alimenta de linguagens, tecnologias, estratégias e formatos inovadores de mídia OOH.

São muitos os formatos OOH e tentarei listar alguns até então existentes, embora já avise, de antemão, que em breve teremos centenas de outros, levando-se em conta a dinâmica das evoluções tecnológicas:

- **Outdoor** – As tradicionais peças de 3 x 9 metros produzidas com material impresso e expostas nas ruas.

- **Front Light** – Painéis instalados em vias públicas com iluminação frontal e externa.

- **Backlight** – Placas geralmente de metal, com material impresso em lonas translúcidas e com iluminação interna.

- **Empenas** – Peças impressas em grandes estruturas e instaladas nas paredes "cegas" dos prédios, ou seja, onde não há janelas.

- **Mídia Mall** – Veiculação publicitária de espaços em shopping centers, como as portas dos elevadores, as laterais ou os degraus das escadas rolantes, as lixeiras, os totens digitais ou impressos, as placas no interior dos banheiros, a adesivagem das pilastras etc.

- **Meios de transporte** – Adesivagem e envelopamento de ônibus, caminhões, aviões, trens, táxis, bikes, patinetes, entre outros.

- **Monumentos** – Estátuas, esculturas e demais estruturas artísticas que podem comunicar ideias e inspirar os públicos em nome das marcas.

- **Estruturas especiais** – Arquitetura e envelopamento de construções interativas, como as áreas cenográficas com temas natalinos, tobogãs que interligam dois andares de um shopping center ou um campo gigante para a prática de futebol de botão.

- **Digital Out of Home (DOOH)** – Mídia urbana veiculada por tecnologias digitais, integradas inclusive pela mídia programática.

- **Mobiliário urbano** – Estruturas públicas com espaços disponíveis para anunciar, como os bancos de praças ou os pontos de ônibus.

- **Video mapping e projeções públicas** – Vídeos ou imagens estáticas podem ser projetados por telas em espaços públicos. Alguns artistas conseguem mapear toda a estrutura de um prédio e realizar projeções que parecem dar vida às estruturas. Essa ilusão de ótica é chamada *video mapping*. Vale a pena digitar a expressão no YouTube e se impressionar com a criatividade nesse tipo de peça artística e publicitária.

PRANKVERTISING

Os candidatos a emprego entram, um de cada vez, em uma sala para uma entrevista. A ambientação se dá em um prédio alto e a janela está voltada para a paisagem urbana. A imagem de um meteoro caindo em direção à Terra os deixa desesperados, de forma que se jogam no chão e as luzes se apagam. A cena dá a entender que se trata de um cenário pós-apocalíptico. Mas brevemente é revelado o resultado inusitado: não foi nada além de uma "pegadinha" (ou *prank*, em inglês) uma vez que a falsa janela, na verdade, se tratava da nova LG Ultra HDTV de 84 polegadas.

Somente no canal oficial da LG Chile no YouTube, o vídeo contou com quase 38 milhões de visualizações desde a sua publicação, com um engajamento que ultrapassou 400 mil curtidas e quase três mil comentários. Além disso, a ação foi veiculada como mídia espontânea em um sem-número de canais de alto impacto e relevância, como a CNN/Business.

Não vou julgar, mais uma vez, se as vítimas também são atores prontos para atuar neste novo formato publicitário (uma modalidade de *advertainment*) que simula esse tipo de brincadeira, mas apenas apontar para seu poderoso potencial viral.

A tragédia, o susto e a falha em ambientes controlados pelas pegadinhas geram altos níveis de empatia e alívio. Primeiro porque sabemos que não foi conosco. E, segundo, porque tudo é revelado como uma brincadeira, o que nos absolve da culpa pelo prazer na desgraça alheia. Por serem criativas e bem-humoradas, são peças extremamente compartilháveis, tanto como mídias espontâneas em veículos de massa, como por usuários comuns em dark social, produtores de conteúdo e influenciadores digitais.

DIGITAL TIE-IN

A inteligência da máquina também será capaz de promover novas formas de *tie-in*, popularmente conhecido no Brasil como merchandising televisivo. Ao assistir a uma novela, todos os itens serão clicáveis, desde a pulseira utilizada pela protagonista, ao livro que acompanha o antagonista e até mesmo o aplicativo usado pelo ator mirim. Quem aposta no "fim da TV" tem a míope visão de que ela dependerá da lógica do anúncio veiculado nos intervalos comerciais. Os algoritmos também serão capazes de compor recortes de cenas capazes de atrair a atenção sobre a experiência individualizada dos usuários. Por isso os videogames investem tanto em câmeras acopladas, muito usadas para a transmissão de conteúdo produzido por *gamers* para mídias sociais como a Twitch. Já falei no *Faixa Preta em Publicidade e Propaganda* que o neuromarketing usa a tecnologia de *eye tracking* para mapear a atenção, ou seja, o caminho percorrido pelo olhar dos consumidores. Minha aposta é que isso deixe de fazer parte dos laboratórios experimentais e passe a compor experiências de consumo mais personalizadas. Como assim? Se ao assistir à novela, a câmera do aparelho entender que sua atenção foi maior à cena da praia que à do campo, certamente a narrativa irá se adaptar para abrir margem para um discurso persuasivo mais efetivo, ou seja, com elementos que façam mais sentido para a sua experiência. Logo, as cores do mar e o som das ondas sutilmente passarão a compor a cena, justamente com quadros de pescadores pendurados na parede da sala da protagonista, trilhas sonoras personalizadas e palavras-chave supostamente despretensiosas.

Muito em breve as próprias mídias sociais deverão descobrir a potência para a criação de plataformas que aproveitem a evolução do *digital tie-in*, permitindo que os *influencers* tenham seus cenários e movimentos mapeáveis e clicáveis, podendo comercializar tudo o que estiverem vestindo, usando ou consumindo. Imagine poder clicar diretamente no vestido utilizado por uma *tiktoker* que dança uma nova coreografia e, a partir de então, ter acesso a um *card* com preço do produto, com opção de compra direta em um clique ou direcionamento ao site associado. Isso seria fantástico e assustador. E não deve demorar para que diferentes formatos de TV, como a Netflix, explorem a potência do merchandising televisivo clicável ou ativado por voz.

PARTE SEIS

ATIVAÇÃO DO
VALOR

DESIGN

Design é uma das atividades mais complexas e de conceituação mais controversa. Para iniciar o assunto, precisamos dizer que não se pode traduzir a palavra como desenho, um falso cognato cuja escrita em inglês é *draw*. Longe disso, a melhor aproximação conceitual que poderíamos fazer seria utilizar a palavra projeto. Entre as suas premissas podemos apontar a união entre forma, função, trabalho de inovação, usabilidade e transformação criativa do ambiente.

Um designer de moda, por exemplo, projeta vestimentas para pessoas e fins específicos. E com esse fim estuda os processos físicos e químicos necessários para atingir os objetivos desejados com o projeto, as características biológicas dos públicos, as condições de uso, entre outros fatores. Projetar uma roupa feminina para mergulho em altas profundidades requer técnicas e estéticas diferenciadas daquelas utilizadas para produzir uniformes de metalúrgicos que trabalham em caldeiras, ternos para magnatas que passam o dia em reuniões em salas fechadas ou vestidos de debutantes. Não basta ao designer criar roupas bonitas, elas devem ser principalmente funcionais!

O universo do design pode ser classificado principalmente em quatro dimensões, que podem se desdobrar em centenas de outras:

- **Gráfico** – Dedicado principalmente às aplicações visuais, como a padronização da identidade da marca na papelaria institucional, frota de veículos, mídias sociais, rótulos, embalagens e sinalização em geral.

- **Industrial** – Voltado para a aplicação em desenvolvimento de produtos alimentícios, vestuário, mobiliário, veículos, entre outros.

- **Interação** – Preocupa-se com a melhoria dos processos de usabilidade em sites, games, aplicativos e todas as interfaces que envolvem a interação com seres humanos.

- **Sistemas** – Voltado para projetar conjuntos de elementos como partes de um organismo complexo. Por exemplo, o design pode ser utilizado para organizar e melhorar os processos em uma universidade federal ou até os sistemas de saúde pública, segurança e mobilidade urbana em um dado país.

Existem muitas aplicações para o design. Por exemplo, já se fala sobre design de emoções, ou seja, planejar estrategicamente, como um projeto, toda a experiência emocional dos usuários. Vale lembrar sobre o que disse Ellen Lupton (2020), ao exemplificar que todos os objetos podem contar uma história. Vamos, então, comparar o processo que envolve uma compra online com a mítica jornada do herói: há a apresentação do mundo comum em nosso primeiro contato com uma marca, que pode ocorrer em um menu de aplicativo ou pela indicação por parte de um usuário anterior; o chamado para ação quando a oferta é apresentada; a recusa ao chamado, pois há dúvida em relação à aquisição; a travessia do limiar quando ocorre a decisão pela compra e a expectativa da chegada do produto; os aliados na empresa de logística mostram cada etapa, desde a separação até a saída para a entrega; os inimigos são os *haters* nas mídias sociais que reclamam das experiências negativas acerca do produto em questão; o clímax ocorre com o recebimento da encomenda e a expectativa na abertura da embalagem. Será que o produto veio como esperado? Há uma batalha final para retirar os lacres sem danificar o produto e a expectativa da instalação do aplicativo; e, por fim, temos um retorno transformado, com um novo iPhone que substitui nosso antigo smartphone. O consumo do novo produto passa a constituir parte da personalidade do usuário, que retorna transformado com seu novo item identitário.

O mesmo se aplica aos melhores restaurantes do mundo, que sabem projetar emoções, criando momentos de expectativa, tensão, dúvida, calma e êxtase. Há uma orquestração que se inicia desde a escolha da roupa para a ocasião especial do jantar, passando pela recepção, apresentação do menu, entradas, salada, pelo primeiro prato, prato principal, sobremesa e pagamento da conta. A sonorização do ambiente, a climatização, o mobiliário, a higiene, o tom de voz no atendimento e uma série de outros pequenos cuidados previamente planejados, serão responsáveis por ampliar consideravelmente o valor da experiência. E isso vai diferenciar as verdadeiras mecas gastronômicas dos simples espaços para venda de comida e que se consideram restaurantes.

BRANDING

Marca é uma entidade física, sensorial e imaginária. Ela é física por ter forma, cor, textura, cheiro, gosto e som. É perceptual, pois imprime sensorialmente aspectos de qualidade, confiança e segurança aos produtos que se associam a ela. E é imaginária, pois partilha de valores profundos com os públicos que a conhece. A força de uma marca não está em seu logotipo, ou seja, em seu símbolo gráfico, mas em todo o conjunto de significados que giram em torno do seu universo. Ela se fortalece não quando confere alma aos produtos, mas quando consegue libertar, dissociar a alma de artefatos específicos. Por exemplo, a força da Apple não está em um computador específico, ou no seu iPhone, mas em toda a sua carga semântica capaz de gerar sensação de pertencimento, desejo e confiança em relação à qualidade, à inovação e ao *status*. Caso decida fabricar automóveis, certamente criará filas de usuários ávidos por pagar um alto preço para adquirir a primeira leva da produção, simplesmente para ostentar o título de *early adopters*. Dificilmente algum usuário irá criticar a empresa, dizendo que ela não tem *expertise* suficiente na área.

De maneira parecida, a Disney não produziu sua força semântica simplesmente em razão de suas histórias em quadrinhos ou de seu parque de diversões. Isso apenas ajudou a construir um imaginário lúdico e fantasioso em torno de seu padrão de qualidade e de sua capacidade de transformar a realidade em sonhos. Não é à toa que faturou alguns bilhões na pré-venda do lançamento do Disney Plus, seu serviço de *streaming*, na América Latina. Comercializaram, com facilidade, centenas de milhares de assinaturas do serviço, sem nem ao menos divulgar o catálogo ou os benefícios. As pessoas compraram no período de pré-vendas simplesmente tendo como base a confiança na marca.

O trabalho em torno da *brand* (ou marca) quando se torna contínuo, cotidiano e planejado é acrescido do sufixo *ing*, que em inglês se compara ao nosso gerúndio, ou seja, um processo. Logo, o branding pode ser traduzido como todo o processo metodológico que envolve a criação e a gestão das marcas. Observe na figura a seguir algumas etapas fundamentais no processo de criação e gerenciamento de marcas:

FIGURA 12 – JORNADA DO BRANDING

JORNADA DO BRANDING

1. **PESQUISA DE MARCA** — Conhecimento do mercado, incluindo os aspectos legais e todo o universo de significados no entorno
2. **PLATAFORMA DE MARCA** — Negócio, visão, missão, valores, personalidade
3. **IDENTIDADE VERBAL E NAMING** — Nome, slogan, tagline, tom de voz
4. **IDENTIDADE SENSORIAL** — Identidade visual, sonora, tátil, olfativa e gustativa
5. **COMUNICAÇÃO DE MARCA** — Comunicação da marca em todos os pontos de contato
6. **PRECIFICAÇÃO E VALOR** — Identificação e ampliação dos valores, modelos de monetização da política de preços e da otimização de custos

Fonte: Cláudio Rabelo (2022).

A jornada do branding começa com a pesquisa da marca. Qual a sua missão, sua visão e seus valores? Quais símbolos são associados ao seu universo? Como trabalha a concorrência? Como a marca pode se diferenciar da concorrência? Como ela se comportaria se fosse uma pessoa? Em que plataformas será utilizada? Na etapa da pesquisa da marca podem ser realizados processos de *brainstorming*, criação de *moodboard* ou uma análise SWOT, entre outras técnicas para conhecer melhor o terreno que será mapeado.

Em seguida, criamos a plataforma da marca, ou seja, a base conceitual que irá sustentar seu discurso. Esta etapa é fundamental para alinhar todos os stakeholders em torno da comunicação clara e eficaz do que foi planejado. Qual é a base e o modelo do negócio? Entretenimento, conforto ou saúde? Terá preços populares ou atenderá o mercado de luxo? Como a marca se enxerga em alguns anos? Quais as palavras-chave que traduzem o espírito que carrega? Qual a sua razão de existir? Quais os aspectos marcantes da sua personalidade? Qual é o seu posicionamento? Trabalhará com qual tipo de segmentação?

Em terceiro lugar cria-se a identidade verbal e aqui inicia-se o processo de *naming*. A criação do nome da marca deve ser pensada de forma a evitar significados óbvios e modismos, além de analisar os falsos cognatos e efeitos negativos em outras línguas ou culturas. Deve também contemplar os valores institucionais e ser de fácil pronúncia e memorização. Embora não precise se tornar uma regra, gosto também de não mencionar o nome da categoria do produto na marca, como, por exemplo, "Chocolates Garoto". Conforme mencionei algumas vezes, as marcas podem ser muito mais do que seus produtos fundadores. A Garoto poderia ser como a Disney, ampliando seu universo de marca para personagens próprios, parques de diversão, indústria do entretenimento e vestuário em vez de aprisionar a mente de seus públicos de forma fixa em torno do alimento chocolate.

Em seguida, no processo de branding, também gerenciamos a identidade sensorial. Muito além das questões visuais, as marcas possuem cheiro, tato, gosto e som. Incrível como ainda hoje o som da produtora de games, Sega, cujo grito desponta como um exórdio na abertura dos games do porco-espinho Sonic, consegue me carregar de volta para uma época que remonta à infância. De maneira parecida, no Brasil, o plantão do Jornal Nacional pode surgir a qualquer momento nas telas das tevês, geralmente para anunciar alguma tragédia ou fato extraordinário a ponto de se manifestar como um furo jornalístico, incapaz de esperar o horário nobre. E vem acompanhado de um *sound branding*, sua assinatura sonora, capaz de ampliar os níveis de tensão até mesmo dos espectadores mais relaxados em seus sofás.

Ainda sobre a criação da identidade sensorial, podemos destacar o sabor característico do Big Mac, que nem de longe pode ser considerado o *burger* mais delicioso, saudável e nutritivo do planeta, mas sua identidade gustativa é capaz de forjar memórias de sabor, a ponto de transformar a necessidade de comer em desejo pelo consumo da marca. Certa vez ouvi algo curioso de um professor na primeira pós-graduação que fiz em marketing e tecnologia da informação, em meados de 2001. Ele disse que a marca em questão é capaz de se tornar um ponto de confiança alimentar em escala mundial. Reiterou que, mesmo que você viaje para o país mais exótico, cuja língua e hábitos alimentares causem extrema insegurança, ao avistar o arco do "M" característico do McDonald's se sentirá seguro em relação ao padrão de sabor já conhecido.

Ainda sobre a sensorialidade da marca, é possível aferir como a fabricante de calçados Crocs e a gigante dos brinquedos Lego têm algo em comum. Reforçam suas marcas em torno de suas identidades táteis. São produzidos com materiais e formas característicos, que destoam da padronização dos mercados que seriam supostamente concorrentes. Embora atuem nos segmentos de calçados e brinquedos, respectivamente, a estratégia de segmentação que adotam não se dá por idade, geografia, classe social, sexo e tampouco por categoria de produto. Abocanham fatias de mercado com extrema diferenciação baseada na qualidade singular de seus materiais.

Nas décadas de 1980 e 1990 no Brasil, a marca de chocolate Surpresa, fabricada pela Nestlé, vendia milhões de unidades diariamente, não apenas em razão do cartão colorido e colecionável que acompanhava cada unidade, mas pelo alto-relevo que trazia animais esculpidos no próprio produto. O Batom da Garoto, as pastilhas de M&M's e as sandálias Havaianas, possuem identidades táteis inconfundíveis.

Voltamos à nossa premissa com a estratégia do cafezinho. A indissociabilidade entre os conceitos. Não há como fazer branding sem comunicação. Portanto, a etapa de comunicação da marca é um dos principais fatores da existência do sufixo "ing" no branding. Pois, como não custa reforçar, é um processo contínuo. Isso significa que a comunicação nos canais de atendimento, a publicidade, a propaganda, as promoções, o serviço de pós-vendas, as ações ao vivo e ao ar livre, as notícias que circulam na imprensa e nas mídias sociais, as relações públicas personalizam (dão vida a) produtos, serviços e seus símbolos.

E, por fim, abordamos a etapa de precificação e valor. Eu sei que muita gente pode ridicularizar o fato de que uma beterraba fatiada e temperada pode ser vendida por mais de mil por cento de valorização sobre o seu custo caso seja apresentada no cardápio como *"carpaccio* mediterrâneo". Mas branding não se trata disso, simplesmente. Uma das tarefas mais difíceis em qualquer área é a precificação. Hoje as grandes corporações conseguem estabelecer seus preços com base em algoritmos, e robôs que analisam a complexidade da oferta, da demanda, dos custos, da depreciação, entre outros fatores. Mas também é possível precificar usando pesquisas mais simplificadas e até mesmo a sensibilidade, dependendo do modelo ou da estrutura do negócio.

A complexidade de tal tarefa se justifica pelo contexto em que cada produto, serviço ou marca se manifesta. É um mercado saturado ou *commoditizado*? Você se diferencia em que nível dentro do segmento? É um produto que amplia a qualidade de vida dos usuários, ou os ajuda a realizar tarefas que seriam impossíveis sem o seu suporte? O que você tem a oferecer é raro, diferente, memorável ou incrivelmente surpreendente? Você despende muito tempo, muitos recursos e muitas pessoas para oferecer os benefícios da sua marca? Há riscos para o seu negócio ou para o seu cliente? Sua marca promove *status*, autorrealização, segurança, afeto ou supre de forma eficaz algum tipo de necessidade fundamental?

Enfim, a precificação faz parte do processo contínuo de ampliação dos valores das marcas, que devem não somente alinhar, mas superar a linha que separa a sua oferta da expectativa dos seus clientes.

PLACE BRANDING

O Castelo de Bran é o imóvel mais caro à venda no mundo. Está cotado em aproximadamente 60 milhões de euros e é um dos principais pontos turísticos da Romênia. Não se trata de um *resort* seis estrelas, não comporta piscinas climatizadas, tampouco cachoeiras aromáticas. Ele não é dotado de tecnologias únicas no mundo. O imóvel não se justifica por seu valor de uso, tampouco pela sua localização privilegiada ou vista espetacular. Ao contrário, nele contém o que chamamos nas ciências sociais de "valor de signo". Há história viva em cada tijolo que forja os alicerces da estrutura em questão. Embora tenha, em 1920, se tornado residência oficial da rainha Maria da Romênia, abrigando toda a família real, não é isso que atrai a curiosidade e a visitação de pessoas do mundo inteiro. Creio que o leitor já deve conhecer ou ao menos desconfiar o motivo que imprime tamanho valor ao local.

No século XV, durante a ocupação da Transilvânia pelo império Otomano, o imóvel era a residência oficial do conde e príncipe Vlad, que o utilizava também para fins estratégicos e militares. Perspectivas históricas passaram a retratar o nobre como "Vlad Tepes", ou "Vlad, o empalador" , tamanha a crueldade pela qual lidava com seus inimigos. Posteriormente, serviu de inspiração para que o escritor irlandês Bram Stoker criasse a obra-prima da literatura, *Drácula*, que passou a povoar não somente o imaginário popular, mas todo o ecossistema da mídia.

Foram centenas de adaptações para peças de teatro, cinema, séries de TV, animações, revistas em quadrinhos e videogames, responsáveis por tornar a personagem não somente o vampiro mais famoso da mídia, mas talvez o monstro mais difundido no imaginário popular em todo o planeta. E assim, o que seria apenas uma bucólica cidade montanhosa, passa a se tornar uma marca, um ponto de desejo, cuja visitação não deixa de ser um sonho de consumo, pelo menos para mim. Quem não gostaria de visitar o verdadeiro castelo onde viveu o Conde Drácula? E, assim, começamos a falar sobre place branding, ou seja, o processo contínuo de criação e gerenciamento de um lugar / uma marca. Pontuarei, então, algumas estratégias de place branding (metodologia/processo), com seus respectivos exemplos, ou seja, *brand places (lugares/marcas)*.

- **Gastronomia** – Lugares podem ser famosos e até associados por algum tipo de alimento. Os italianos sabem fazer isso muito bem. Quem não conhece os sabores das massas ou pizzas Napolitana (Nápoles), Siciliana (Sicília), Romana (Roma) ou Bolonhesa (Bolonha). Muitos também fazem questão de visitar o restaurante administrado pela terceira geração da família de Alfredo di Lelio, que criou em Roma o mundialmente famoso "molho Alfredo", para agradar a sua esposa. De maneira parecida, Portugal é famoso pelo bacalhau, a Suíça por seus chocolates, a Bélgica e a Alemanha pelas suas cervejas. Quando era bem jovem, cheguei a criar um rótulo especial, com embalagem adornada com verniz e *hot stamping* para uma marca de cachaça. O *rebranding* tinha o objetivo de vender o mesmo produto em lojas especializadas, em hotéis para que os estrangeiros pudessem levar a bebida como recordação do Brasil. O mesmo produto passou a ser vendido por um valor dez vezes mais elevado, simplesmente porque mudou seu foco e sua imagem. A cachaça, de bebida popular foi elevada ao posto de símbolo nacional. Os exemplos são intermináveis. Nasci e cresci na cidade de Vitória, no estado do Espírito Santo, e posso dizer que não há visitante que chegue aqui e que não peça para comer as iguarias preparadas com frutos do mar, como o bobó de camarão, a moqueca capixaba ou a torta capixaba. Seriam milhares de exemplos para demonstrar como países, estados e cidades usam a culinária como símbolo de pertencimento e lembrança de marca.

▫ **História** – Por incrível que pareça, um dos lugares mais visitados de Buenos Aires é o cemitério da Recoleta, onde jaz, entre outras personalidades, Eva Perón. Por que será que isso acontece?

Certa vez, a convite de um músico bastante famoso no Brasil, tive a oportunidade de conversar com o empresário contratante do *tour* que fizeram pelo Rio Grande do Sul. Em um bate-papo após o show, nos bastidores, ele me contava que iria trazer o Aerosmith para o Brasil. Na sequência, perguntei:

"O que você vende?"

Ele respondeu:

"Ingressos para os shows."

Eu disse que não. E complementei com a resposta:

"As pessoas compram memórias. Elas ouvem música em casa, no carro, nas rádios e nos podcasts. Elas querem ver seus ídolos de perto para ter depois o que contar, o que lembrar. Querem dizer que participaram da história viva. Por isso, você, que organiza os eventos, deve garantir que os espectadores saiam daqui com boas lembranças. Assim sendo, a segurança, a higiene dos banheiros, a organização das filas, a climatização e a ambientação são tão importantes quanto o show propriamente dito. Entender isso aumentará consideravelmente o valor não somente da sua marca, como a dos artistas que você contrata."

O exemplo acima também serve para mostrar como as cidades onde ocorreram de fato, ou supostamente aconteceram, episódios históricos marcantes podem se tornar pontos de peregrinação. Pois assim como acontece em nossas experiências com as páginas de um livro ou uma novela de rádio (ou podcast), podemos fechar os olhos e sentir a catarse ou o devir de um protagonismo narrativo. Isso porque presenciar o espírito da história atrelado ao lugar justifica o principal motivo de valorização turística e econômica de muitos lugares. A ilha que abrigou a famosa prisão de Alcatraz, na Califórnia, e o maior campo de concentração nazista, em Auschwitz, na Polônia, também são polos de visitação e peregrinação. O Anfiteatro Flaviano, conhecido atualmente como Coliseu Romano, concluído no ano 70 d.C., dispensa apresentações. O que todos esses *places* têm em comum é o fato de terem se tornado *brands* graças ao constante trabalho discursivo responsável por manter a aura histórica que ali reside.

- **Lugares simbólicos** – Quando eu era criança, ouvi minha mãe dizer que Detroit era a cidade dos automóveis. Alguns anos depois, também passei a enxergar Paris como a cidade mais romântica do mundo. Isso circulava em uma série de narrativas, em desenhos animados, filmes, séries de TV e até mesmo na literatura. Hoje reconhecemos o Vale do Silício como o abrigo tecnológico do planeta e o Vaticano representa o ápice da experiência locativa do catolicismo. Lugares podem ser como mecas, pontos de encontro, considerados símbolos justamente porque foram convencionados em tal reconhecimento, a partir dos usos e discursos. Não é à toa que Orlando é reconhecido como o ponto de encontro da fantasia, do lazer e do entretenimento. Ali se instalam parques como os da Disney, o SeaWorld, a Legoland, as Universal's Islands of the Adventure, entre outros. No Brasil, a rua Oscar Freire com o tempo foi posicionada como um dos metros quadrados mais caros da América Latina. A rua atraiu as principais marcas para a instalação de suas lojas-conceito, tornando-se assim um dos principais mercados comerciais voltados para o luxo no Brasil.

Diante deste contexto, considero o place branding como estratégia indispensável para que gestores locais ampliem o valor de ruas, bairros, cidade, estados e países. Mas também é possível usar lugares para fortalecer marcas comerciais, como é o caso dos parques ecológicos e de vivência mantidos pela Vale como estratégia de propaganda institucional. Ao passo que é uma maneira de a empresa reparar os impactos da exploração ambiental, também não deixa de comunicar e amenizar as dissonâncias cognitivas geradas em tal processo.

O sociólogo Karl Marx já falava sobre as três condições que levam lugares a prosperar: geográficas, humanas e tecnológicas. Um lugar tem condições geográficas para produzir café; se tornar um balneário turístico; um ponto de encontro para esportes no gelo ou de exploração de rochas ornamentais. Um país sem fronteiras marítimas jamais será reconhecido como uma potência portuária, ou seja, vai depender da natureza de onde está localizado. Um local tem vocação humana. As pessoas possuem *know-how* específico, histórico e cultural. Na cidade de Cambridge, em Massachusetts, há Universidades como a de Harvard, o que possibilita a pulsão de capital humano intelectual especializado. No Alasca, há *know-how* culturalmente fortalecido em torno da pesca sustentável. Tudo isso nos ajuda a pensar na predisposição para o posicionamento de cada lugar, levando-se em conta os conhecimentos que por ali circulam. E, por fim, as tecnologias disponíveis auxiliam no reconhecimento locativo. A disposição de fontes de energia hidrelétrica, nuclear, eólica ou solar, podem ser condicionantes para o desenvolvimento dos lugares. De maneira similar, a disposição de tecnologias em agronegócio, incluindo fábricas, centros de pesquisa e equipamentos voltados para estudos genéticos, insumos, reconhecimento e separação de grãos possivelmente devem ditar a vocação agrícola de muitas cidades.

Não considero o *place branding* uma metodologia propriamente dita, mas uma estratégia. O que quero dizer é que tudo se trata do branding em sua essência. Realizamos a criação e a gestão de marcas para pessoas, ideias, produtos, serviços e até mesmo para lugares. Por isso, como metodologia, prefiro usar simplesmente a expressão branding. O que chamo de estratégia é uma decisão... estratégia diz respeito a "o que fazer" e não ao "como fazer" (o que cabe aos níveis operacional e tático). Por isso, sempre que você for incumbido de realizar a gestão de uma cidade, após a pesquisa de mercado e a análise de situação, talvez encontre a solução na seguinte pergunta: "Não seria bacana optar pelo place branding, ou seja, transformar isso que é apenas um lugar em um verdadeiro brand place?".

◦ **Locais conceito para as marcas** – Em diferentes escalas as marcas também podem transformar lugares em mecas para a peregrinação. Não é à toa que o Heineken Experience se tornou um dos principais pontos de visitação em Amsterdam. De maneira parecida, a Amazon Spheres é o espaço de visitação criado pela gigante varejista e consiste na criação de uma verdadeira uma minifloresta tropical, com mais de 400 espécies de plantas, dentro de uma estrutura arquitetônica formada por três grandes globos em Seattle. O agronegócio também passou a utilizar o potencial de transformação de lugares em marca. Muitos pequenos produtores locais, em cidades do interior do estado do Espírito Santo e de Minas Gerais, contam com o auxílio de empresas de design para formular mitologias em torno de seus espaços produtivos, atraindo pessoas para que conheçam de perto os produtos que consomem nos supermercados das capitais. Ao visitar e conhecer a vida simples nos sítios e nas fazendas, acompanhando o processo produtivo artesanal, trazem de volta muito mais que produtos, mas os afetos percebidos no carinho e na tradição transferidos pela experiência.

EXPERIENTIAL MARKETING

Em 29 de agosto de 1959, nasceu uma criança em uma família muito pobre. Ela era tão solitária que elegeu um camundongo chamado Ben como seu único amigo. O sonho do pai desse garoto poderia ser traduzido pela ambição de fazer dinheiro e fama com o talento musical de cinco dos seus filhos e, para conseguir isso, criou uma rigorosa rotina de ensaios e exaustivas apresentações. O grupo conseguiu fazer sucesso, mas já na juventude o jovem cantor desistiu de atender aos caprichos do pai, negando ao chamado para a fama. O seu público já consolidado, juntamente com os novos empresários ávidos pela exploração do seu trabalho e a mídia especializada não somente insistiram pelo seu retorno, como aclamaram sua obra solo como um dos principais álbuns já gravados pela indústria fonográfica. Sua ascensão como rei do pop teve como desfecho o retorno transformado à sua infância, com letras, músicas e espetáculos midiáticos que tentavam vender sua imagem, de alguém que tinha como missão ajudar as outras crianças do mundo. Seu estilo que mesclava música, mitologia, tecnologia, ilusionismo, storytelling e dança fizeram com que, após a sua morte, sua imagem tenha se consolidado como o "ícone" do estilo musical que ajudou a popularizar. Talvez essa seja a estrutura pela qual os discípulos de Vogler (2015) e Campbell (2001) até hoje orientam alguns mercados para a criação de narrativas, como aquela que foi capaz de tornar Michael Jackson uma das principais marcas já produzidas pelo *show business*.

Engana-se quem atribui o sucesso de Michael Jackson nos anos 1980 somente às suas canções cujas qualidades não são contestadas. Porém, sua letra e música são apenas pequenas partes da experiência de marca que o tornou um fenômeno do *show business*. Seu trabalho de branding incluía um de figurino característico e ousado, um corpo de baile afinado nas coreografias nunca antes vistas e o uso de tecnologias inovadoras de iluminação, som e imagem nos palcos. Sua história era mesclada com as realidades distópicas demonstradas em seus videoclipes. Michael criou discursos míticos, contados por diferentes canais, como os palcos onde eram exibidos seus shows, videogames, discos de vinil, clipes para a TV e filmes para o cinema. Seu produto era impulsionado por um robusto trabalho de construção de experiência.

Sinto uma espécie de angústia quando vejo comércios de grande porte desperdiçarem o potencial para a criação das experiências fantásticas e ações de encantamento. Recentemente entrei em uma loja de brinquedos, juntamente com meu amigo, Victor Mazzei, que é autoridade no ensino da criatividade publicitária no Brasil. Nós estávamos indo para uma cafeteria para realizar uma tradicional reunião de *brainstorm*, que costumamos fazer para ventilar as ideias. Mas, antes, resolvemos procurar presentes para nossos respectivos filhos, uma vez que o Dia das Crianças se aproximava. A loja era bastante ampla e parecia cumprir nada além do que a própria obrigação, ou seja, vendia o que era de se esperar... brinquedos! Dispostos nas prateleiras, da forma mais sem graça possível. Para completar, contavam com o trabalho de vendedores que demonstravam em suas expressões faciais uma mescla de tristeza, cansaço e desmotivação. E a compra era finalizada no próprio caixa, que cobrava com uma máquina para passar o cartão de crédito, desgastada e remendada com fita adesiva. E então, nosso *brainstorm* já começou por ali...

"Que desperdício de experiência, né, cara?"

"Como assim?"

"São apenas brinquedos nas prateleiras. Poderiam criar um universo lúdico aqui dentro."

"Sim... É verdade. Quem sabe não seria interessante simular teclados no chão, como aqueles do filme *Quero ser grande*, estrelado pelo Tom Hanks."

"E lixeiras lúdicas, com temas de personagens infantis e sonorização engraçada. Eles poderiam operar com atendentes fantasiados... Não vejo aqui uma contadora de histórias vestida de princesa."

"Imagine só se as paredes tivessem imagens projetadas. Pensa como seria legal ver animais marinhos gigantes fluindo pelo teto."

"Seria bacana ter painéis instagramáveis, com os personagens favoritos das crianças. As famílias poderiam tirar fotos e compartilhar nas mídias sociais utilizando hashtags."

"Um palhaço fazendo aqueles balões em formato de cão da raça Basset, conhecido como salsicha."

"Não tem nem música tocando na loja."

"Poderiam ter um aplicativo de realidade aumentada, no estilo caça de Pokémon, indicando a localização dos brinquedos."

"Videogames em telões ou a demonstração de produtos novos... Olha que bacana aquele caldeirão de bruxa! Muito caro, e não dá para saber se vale a pena!"

"Cartões de fidelidade! Nem isso..."

"E cheiro de baunilha... A loja não tem experiência olfativa."

"Cafezinho para os pais..."

"Totem para consulta eletrônica de produtos."

"*Drive thru*, experiência de entrega omnichannel."

"Um aplicativo que envolva gamificação."

"Sua vez chegou, paga o brinquedo e vamos lá pra cafeteria."

Lembrei que há alguns meses um ex-aluno também havia me convidado para tomar um café. Queria me contar como foi o mestrado em *experiential marketing* que fez no Canadá e me mostrar os materiais das disciplinas que cursou. No Brasil, a estratégia é conhecida também como marketing de engajamento, mas eu não gosto dessa tradução. Acho que deveria ser experiencial, mesmo. Encantar clientes não tem muito a ver com excesso de investimento ou distribuição de brindes. Pessoas apaixonadas e com sensibilidade sabem como encantar: elas colhem flores enquanto passeiam no parque; promovem serenatas em uma praia deserta; deixam bilhetes apaixonados no espelho e na porta da geladeira; preparam um café da manhã para despertar seus amores, ou simplesmente mencionam datas especiais, imprimindo importância aos momentos vividos em conjunto.

E, assim, *experiential marketing* consiste no planejamento e na execução de ações que utilizam o encantamento e a exploração inextricável de três elementos: a sensorialidade (olfato, paladar, visão, audição, tato), a cognição (a aprendizagem e as novas experiências estão relacionadas à endorfina, o neurotransmissor que produz a sensação de felicidade) e o comportamento (atitudes surpreendentes). Mais do que consumir, os clientes experimentarão a marca de forma orgânica.

E assim, as ações de *experiential marketing* podem ser realizadas com diferentes ferramentas e formatos. Listarei alguns:

- **Guerrilha** – Ações estratégicas de guerrilha são caracterizadas pelo baixo custo, ampla capacidade de impacto e viralização, conhecimento do terreno em que são aplicadas e contam com o envolvimento e a interação dos públicos. Em 2010, a campanha criada para a marca Clearex, por um braço da agência Y&R Interactive, de Tel Aviv, foi premiada com o bronze no Clio Awards, um dos maiores prêmios da propaganda mundial. Na ação, um muro comum foi adaptado para se tornar uma parede de escalada. Ao fundo havia adesivado o rosto de um jovem e abaixo a assinatura da marca para tratamento de acne.

- **Sampling** – Distribuição de amostras grátis, que pode ser feita de forma criativa e interativa. A marca Oreo de biscoitos (ou bolachas, se preferir) distribuiu amostras do produto nos pontos de vendas, juntamente com tabuleiros de jogos da velha, personalizados em papel especial. A ideia consistia em utilizar os próprios biscoitos como peças do jogo.

- **Flashmobs** – Uso de tecnologias para o deslocamento e o engajamento rápido de um grande número de pessoas, convidadas para uma ação lúdica e diferenciada. Todo mundo vestido de zumbi, ou levando travesseiros para uma grande luta coletiva... Ou um karaokê surpresa com a participação da cantora Pink. Também já vimos danças especiais ativadas nos aeroportos ou em interações de realidade aumentada projetadas em telões de shopping centers.

- **Ambush** – Ações de emboscada não são as minhas favoritas, mas há quem faça e há quem goste. As emboscadas aproveitam das brechas em ações criadas por concorrentes ou oportunidades singulares, para impactar multidões, gastando pouco ou nada. Transitar com balão de determinada marca, ou realizar acrobacias com aviões sobre um evento pode chamar a atenção muito além do que os próprios patrocinadores oficiais.

- **Visual merchandising** – Não somente a vitrine, mas todo o ponto de venda se transforma em uma experiência sensorial, lúdica e interativa.

- **Eventos** – Estandes, festivais, seminários, feiras e uma série de outras ações ao vivo podem ativar memórias afetivas e interações engajadas com os públicos.

- **Advergames** – Jogos eletrônicos criados para as marcas. Hoje os *advergames* podem gerar experiências lúdicas mistas, com ações que envolvam sensores de movimento, capacetes ou óculos de realidade virtual e espaços físicos interativos com objetos projetados em realidade aumentada.

- **Gamificação** – Envolvimento de públicos por meio da criação da interação, aplicada a partir da lógica dos jogos, ou seja: estabelecimento de objetivos e regras, motivação, ambientes simulados e clima imersivo. Clubes de assinaturas como a Tag Livros, a Wine, o Xbox Unlimited ou o Duolingo, utilizam tais estratégias para criar espírito de comunidade, incentivar a interação entre os membros, o compartilhamento da experiência com os não clientes e consequentemente o envolvimento, além do maior tempo de atenção dedicado às marcas. Gincanas ou demais ações que estimulem a formação de equipes e competição lúdica devem estreitar significativamente a experiência dos consumidores com as marcas.

OS ARQUÉTIPOS COMO FERRAMENTAS ESTRATÉGICAS

Tentarei ser bem didático sobre os arquétipos usados no contexto estratégico. Para quem quiser ampliar o assunto indico a sequência de livros, que começa com Jung (2000) e continua com Campbell (2007); Vogler (2015); Mark e Pearson (2003); e Estés (2018). Mas o interesse aqui não é discorrer sobre a base teórica, mas orientar em relação ao uso de tais conceitos para a ampliação do poder das marcas.

Para Jung, o expoente da psicologia analítica e discípulo de Freud, os arquétipos são pré-imagens e fazem parte do inconsciente coletivo. Isso quer dizer que não nascemos como tábulas rasas, ou folhas em branco, como defendia o filósofo John Locke, inspirado na metáfora utilizada por Aristóteles. O autor acreditava que nossas mentes nascem com pré-configurações... Uma espécie de Windows instalado, pronto para receber e operar programas e arquivos. Independente da cultura, época ou local, os *sapiens* são capazes de construir ou se envolver com histórias muito parecidas. Elas são forjadas sobre estruturas mentais primordiais, ou seja, os arquétipos.

Já li em algum lugar que os arquétipos estão para a mente, assim como o instinto está para o corpo. Por exemplo, praticamente em todas as culturas há uma história, popularizada como a jornada do **HERÓI**, e que envolve toda a comunidade. Uma mitologia passa a ser forjada e, assim, é passada cultural e oralmente pelas diversas gerações, sobre a existência de uma pessoa comum, anunciada por entidades mágicas como um escolhido. Inicialmente ele não acredita e nega tal crença, mas algo acontece e ele se sacrifica ao proteger seu povo, após enfrentar um grande mal. Morre, ressuscita e retorna transformado como um líder. Jesus, Sidarta, Luke Skywalker, Neo, Daniel-san, Hércules e Jon Snow são exemplos de personagens que carregam o mesmo arquétipo, o herói. Até mesmo na política não é difícil encontrar tais histórias. Candidatos que emanaram do povo, tornaram-se líderes, morreram politicamente, perseguidos, desacreditados e despotencializados, para então retornar transformados como heróis que representam os interesses do povo, a exemplo de Gandhi e Mandela. Muitas marcas usam estrategicamente a narrativa para envolver suas comunidades de fãs. Quantas vezes já não ouvimos histórias sobre os fundadores de empresas que praticamente perderam todas as suas fortunas e à beira da falência financeira, física ou mental, conseguiram, por força ou acaso, erguer novos impérios que empregam milhares de pessoas e resolvem as demandas de milhões de consumidores? O herói é apenas uma dessas 12 pré-imagens catalogadas pelos estudos de Joseph Campbell (2007). Imagens sem forma, e que podem ser preenchidas com narrativas facilmente inteligíveis e envolventes para a mente humana. Listarei brevemente algumas, exemplificando com os usos feitos por diferentes marcas para contar suas histórias. Para fins didáticos, empregarei o gênero masculino, apenas no sentido linguístico, mas peço a compreensão de que a aplicação é neutra. São heróis e heroínas, magos e magas, cuidadores e cuidadoras... Enfim, além do herói, listarei os arquétipos recorrentes nas bibliografias sobre o assunto:

- **O MAGO** faz parte do imaginário a possibilidade da existência de pessoas capazes de manipular a natureza e realizar ações que ultrapassam os cinco sentidos humanos. No cinema e na literatura conhecemos figuras como Merlin, Dumbledore, Doutor Estranho, Wanda Maximoff, Gandalf e Hermione. Mas as marcas usam de tais arquétipos para "mitologizar" produtos, como é o caso das bebidas energéticas vendidas pela Red Bull, que prometem "dar asas" aos consumidores. Algumas campanhas de panetone também vendem a ideia de que os produtos são capazes de evocar um espírito natalino, contagiando as famílias com a bondade e a generosidade. O Papai Noel, o Coelhinho da Páscoa, a Fada do Dente e uma série de outros mitos infantis são usados em campanhas para ampliar a percepção extrassensorial e espiritual em torno de produtos e marcas. Baudrillard (2000) trabalhou o tema em seu artigo clássico *A significação na publicidade*, ao dizer que há uma espécie de pacto invisível, até mesmo entre os adultos, que obviamente sabem que Papai Noel é um mito, mas mesmo assim aceitam entrar no jogo lúdico da propaganda.

▫ **O BOBO DA CORTE** é capaz de arrancar sorrisos e com uma espécie de licença especial, os *jokers* eram os únicos autorizados, nas cortes europeias, a ridicularizar o próprio rei. Hoje muitas marcas usam o humor como autocrítica e, assim, ganham a confiança de seus públicos. Aristóteles, por exemplo, sugeria a hamartia para a construção das narrativas trágicas, ou seja, uma falha por parte do herói, por desconhecimento de algum dado que pudesse impedi-lo de causar a falha que faria alguém bom sofrer. Mas o que diferencia a tragédia da comédia é justamente a abordagem de um texto, muitas vezes capaz de transformar elementos de tragédia em comédia.

Em um desenho animado, um ajudante do herói pode explodir de forma cômica ao comer uma banana de dinamite dentro de um cachorro-quente. Em uma série dramática, como ocorreu em *La Casa de Papel*, a explosão de dinamites em uma sala pode promover lágrimas nos espectadores. Pelo menos é o que intentavam os roteiristas.

O bobo tem a capacidade de transformar o trágico em cômico. A personagem dos comerciais clássicos, conhecida como o "tio da Sukita", se existisse na vida real, certamente seria um homem à beira da terceira idade, provavelmente em crise pelo fim de um casamento e tentando preencher o lapso deste interstício para uma readaptação social. No elevador, ele segura um saco de supermercado cheio de laranjas e se depara com uma garota mais jovem e que tem em mãos, de forma supostamente inocente, um refrigerante com sabor de laranja. O homem parece acreditar ser capaz de seduzi-la, com sua experiência de vida e uma certa malícia. A garota em nenhum momento deixa de sugar o refrigerante pelo canudinho. A cabeça baixa e a postura aparentemente tímida a faz responder as investidas de forma monossilábica. Decorre o seguinte diálogo:

"Tá quente aqui, né?"

A garota assente com a cabeça.

"Tá gostosa a Sukita?"

"Ãnrãaannn..."

"Você é nova aqui no prédio, né?"

"Ãnrãaannn..."

"Eu posso..."

"Tio, aperta o 21 pra mim!"

O homem faz uma expressão facial que demonstra decepção e segue o narrador em *off* com a assinatura da marca.

"Quem bebe Sukita, não engole qualquer coisa".

Campanhas como essa podem ser consideradas genialmente técnicas, não somente pelo despretensioso humor, mas pelo entendimento complexo da narrativa publicitária. Há dissuasão, ao tentar sutilmente associar a laranja, um fruto saudável e necessário para a saúde, como uma coisa careta, opressora e ultrapassada. E há persuasão, uma vez que a bebida gaseificada, feita com acidulantes, edulcorantes e conservantes, de propriedade de uma tradicional e poderosa indústria, é colocada em um contexto de inocência, juventude e sagacidade.

Se fosse um filme de drama, poderíamos abordar a solidão do homem, sua incapacidade de relacionamento ou a abordagem abusiva em forma de assédio que ele faz à jovem. Porém, no comercial bastante popularizado na década de 1990, toda a narrativa foi construída, pela agência Carillo Pastore, com o objetivo de incutir humor à marca, tornando-a jovem, descontraída e sagaz. Neste caso, o bobo serviu para dizer uma "verdade" que seria difícil de ser abordada em uma situação real.

▫ **O ANTI-HERÓI** é uma figura controversa e de grande capacidade de seduzir os públicos com sua liberdade para quebrar regras. Deadpool, Wolverine, o Pacificador e a Arlequina são algumas dessas figuras nos quadrinhos. Nos desenhos animados o Pica-pau foi construído para infernizar a vida de pessoas que só querem tranquilidade. Mesmo assim, consegue ser amado por diversas gerações. Marcas como a Bad Boy e a Harley-Davidson também manifestam tal arquétipo. A Diesel também realizou, por meio da campanha/manifesto *Be Stupid*, um convite para que os jovens deixem de seguir a razão, mostrando como ser estúpido pode gerar uma vida mais feliz do que ser inteligente. Os estúpidos quebram regras, falham e ouvem o coração em vez da cabeça. Artistas e bandas musicais também cativaram públicos, tornando-se marcas fortes arquetipicamente forjadas como foras da lei: Kurt Cobain, Axl Rose, Amy Winehouse, White Zombie, Iron Maiden, Kiss, Raimundos, Sex Pistols entre incontáveis outros exemplos.

▫ **O CUIDADOR** é o arquétipo que parte da nossa admiração ou crença nas pessoas ou entidades que nasceram para servir. A madre Teresa de Calcutá e a Branca de Neve podem indubitavelmente representar a força deste tipo de pré-imagem. Sabemos que nações e Estados podem ser apresentados de diferentes formas: como Estados de liberdade, onde as pessoas são autorreguladas por uma suposta e inata igualdade; como pátrias autoritárias que ditam e controlam como as pessoas devem se comportar; e enfim, como Estados protetores que prometem cuidar dos cidadãos. Neste caso, o arquétipo do cuidador pode forjar nações que investem em políticas sociais, de inclusão, representatividade, acesso ao ensino, trabalho, alimentação, saúde e uma Constituição que proteja os abusos entre os poderes. O uso político dos arquétipos essencialmente não deveria ser um problema. Mas muitas vezes os discursos são usados com vistas a persuadir e dissuadir suas reais intenções. Um Estado pode proclamar a sua intenção de proteção, para assim justificar o uso da opressão. Para distinguir a fala das intenções é necessário exercitar a nossa capacidade de leitura discursiva. E por isso os estudos da semiótica são tão importantes nos cursos de comunicação social. Marcas de bancos fazem isso, vendendo em suas campanhas a falsa ideia de proteção… "Ahhhh, fique tranquilo, curta a praia, viva os bons momentos com a sua família, pois o nosso banco está cuidando de você!"… Sei!

▫ **O EXPLORADOR** é materializado nas narrativas em torno dos sujeitos que enfrentam o desconhecido, rechaçam ideias que envolvem a estabilidade, a predestinação e a rotina. Na indústria do entretenimento temos as figuras de Indiana Jones, Lara Croft e Os Goonies. A cantora Miley Cyrus atualmente e o falecido músico David Bowie com suas imagens de camaleões, que não se prendem aos padrões estéticos e surpreendem com as mudanças, vendem a ideia de liberdade. Os exploradores desejam ultrapassar limites e realizar feitos nunca antes experimentados. Elon Musk foi escolhido como personalidade do ano de 2021 pela revista *Time*. O CEO da Tesla encabeçou a transição do paradigma automobilístico baseado em veículos movidos por motores à combustão e dirigidos por pessoas, aos veículos elétricos e autônomos. Não bastando, comunicou o terceiro horizonte de sua empresa voltado para a exploração e o turismo espacial, com objetivo focado em Marte. Jeff Bezos, da Amazon e

Richard Branson, da Virgin, seguem caminhos parecidos. Também anunciando a fuga à sua zona de conforto, a Meta (antigo Facebook) ignorou o pioneirismo de *Second Life* para posicionar a mudança de sua marca em relação ao Metaverso, com a promessa de transformar a internet no caminho de um novo paradigma.

No Brasil, quem não se lembra do clássico reposicionamento da Schincariol? Cerveja que tinha nome (e para alguns, gosto) de remédio. Convidou um famoso cantor de pagode, Zeca Pagodinho, como garoto propaganda de seu reposicionamento de branding, passando a ser abreviada como Schin. O *slogan* "Para bom entendedor, meia palavra basta" explicava a simplificação do nome. Também como parte do reposicionamento, uma série de campanhas foram criadas sob o mote "Experimenta!". Uma das marcas líderes do segmento no país, a Brahma, caiu na armadilha da rivalidade e ainda ampliou o *recall* de sua incipiente concorrente, que tentava aos poucos convencer os consumidores sobre sua mudança de nome, embalagem e também sabor. Em resumo tudo inspirava a arquetipia do explorador, uma vez que convidava multidões de famosos e pessoas comuns ao contágio viral para uma saída da zona de conforto dos produtos aos quais eram fiéis.

O GOVERNANTE se manifesta nos mais diferentes mitos e organizações, em múltiplas culturas em distintos tempos e espaços. Em algumas tribos, os pajés encarnam arquetipicamente os magos, enquanto os caciques são os líderes políticos e administrativos. Reis, presidentes, imperadores, primeiros-ministros, sultões e até mesmo CEOs são diferentes nomenclaturas usadas e que servem para exemplificar como a designação linguística das lideranças faz parte da natureza dos *sapiens*. Muitas celebridades impulsionam suas marcas ao adotar uma comunicação nesse sentido. Roberto Carlos foi vendido como o Rei da Música no Brasil; Elvis era o Rei do Rock e Michael Jackson, o Rei do Pop. Prince é um cantor que adotou a realeza como parte de seu nome artístico e Billy Idol tenta mostrar até mesmo nas letras de suas músicas porque deve ser tratado como ídolo. Nos esportes foram usados adjetivos que se tornaram praticamente *slogans* atribuídos aos atletas. Pelé foi considerado o Rei do Futebol e atleta do século, assim como Ronaldo Fenômeno e Adriano Imperador. Marcas como Burger King, Rolex e Budweiser (King of Beers) também se apresentam como governantes diante dos segmentos em que atuam.

O INOCENTE é o arquétipo responsável pelas crenças na boa vontade da humanidade, pela esperança de um futuro melhor e na confiança das pessoas. Por exemplo, Mr. Bean, personagem de Rowan Atkinson, expande a comicidade que se tornou uma verdadeira marca, que se inicia no cinema e expande para uma série de animação, apostando no comportamento inocente de um adulto. De maneira parecida, o ator Carlos Moreno conseguiu ficar no ar durante praticamente 40 anos, representando um personagem conhecido como "Garoto da Bombril" na campanha publicitária recordista pelo Guinness World Records. Vestia ternos que sobravam em seu corpo aparentemente frágil e conversava diretamente com a dona de casa, olhando para a câmera. As expressões corporais e faciais indicavam timidez e insegurança. Em suas falas, pedia licença para conversar com as "donas de casa".

O CRIADOR é o arquétipo que explora as narrativas de entidades capazes de criar universos, ecossistemas ou soluções. Deus, Alá, Júpiter, Tupã e Odin são exemplos de figuras criadoras do mundo nas diferentes religiões ou mitologias. No candomblé também se acredita em um criador supremo, nas diversas tradições africanas, sejam elas Olorum (Nagô), Mawu (Jeje) ou Zambi (Angola). Neil Gaiman, criador de Sandman, escreveu a série American Gods, inserindo entidades como o dinheiro e a internet como novos deuses. E não deixam de ser, pelo que podemos perceber nos discursos circulantes.

O criador também está relacionado aos mitos que se referem aos grandes inventores: Dédalo construiu o labirinto para aprisionar o Minotauro e também as asas que causaram a ruína de Ícaro. O desenhista Maurício de Sousa conseguiu estimular a imaginação de várias gerações de crianças com o icônico personagem Franjinha, uma criança ultra engenhosa, capaz de construir máquinas de viagem no tempo, multiplicadores de objetos, armas congelantes e alteradores de DNA. Leonardo da Vinci, Albert Einstein, Oscar Niemeyer foram destaques históricos, pela capacidade inventiva e criadora. Em resumo, o arquétipo do criador pode ser propagado tanto quanto uma unidade geradora, quanto na figura de cientistas, artistas e criadores de novidades. A Apple usou o *slogan Think Different* e tomou a dianteira no discurso de inovação no mercado de tecnologia. Já a Lego se propõe não somente a permitir a liberação do potencial inventivo, como se fosse barro sagrado dando vida à imaginação dos seus públicos, mas também envolvem várias outras espécies, em uma narrativa *transbranded*, para essa construção de mundos imaginários. Star Wars, Marvel, Indiana Jones, Ninjago, Pokémon, The Simpsons, DC Comics, Harry Potter e praticamente toda marca que produz conteúdo de entretenimento em larga escala passa a integrar o Universo Lúdico da Lego.

▫ **O SÁBIO** muitas vezes carrega em si outros arquétipos, mas predomina uma essência de clareza mental sobre a realidade complexa. Sun Tzu ficou conhecido como um guerreiro e filósofo extremamente notável. Viveu entre 544 e 596 a.C. e sua obra clássica *A Arte da Guerra* continua inspirando milhares de líderes, sejam eles militares ou empresariais. Assim como Tzu, vários outros autores ou mitos ainda povoam o imaginário humano acerca da capacidade quase sobre-humana de aconselhar. Baltasar Gracián aconselhava as cortes em 1647 com seu clássico *A Arte da Prudência* e hoje temos dezenas de autores que promovem suas imagens de gurus em livros de autoajuda, direcionamento de carreira, finanças pessoais, aconselhamento familiar ou psicológico. *Coaches* de todos os tipos passaram a dominar os anúncios patrocinados para vender seus cursos, usando as chamadas fórmulas de lançamento como uma espécie de corrida do ouro pelo domínio de nichos cada vez mais específicos.

Ao analisar como a mitológica ou bíblica imagem do Rei Salomão foi propagada em torno de sua sabedoria sem igual, precisamos compreender como a força de tal arquétipo se infiltra no imaginário contemporâneo. Vivemos tempos envoltos pela economia da atenção, como caracterizaram Devenport e Beck (2001) e Martinuzzo (2014), quando os sujeitos em rede se deparam com mais informação do que são capazes de processar, o que causa índices extremos, praticamente pandêmicos, de ansiedade e depressão. Diante da impossibilidade de lidar com as escolhas, os públicos precisam de gurus ou sábios que possam orientá-los, mesmo que para decisões simples, como escolher um filme ou uma música. Por isso os algoritmos de serviços de *streaming* usam a inteligência artificial para indicar filmes, músicas e games que talvez os públicos gostem. São sábios orientando as nossas escolhas.

Muitas marcas pequenas ainda não perceberam a importância da experiência em seus negócios. Os sábios podem ajudar nesse sentido. Sinto falta de baristas explicando sobre as peculiaridades dos cafés nas cafeterias, ou pessoas que entendam de literatura atuando como vendedores em livrarias. De maneira parecida, os vendedores de automóveis não agem como conselheiros para atender as demandas que envolvem a segurança, a potência dos veículos, o conforto, o design e a economia. Consumidores precisam de vendedores aliados, conselheiros, para que possam comprar veículos que atendam suas reais necessidades e que comuniquem uma justa relação entre custo e benefício. Por isso, sou contrário à ideia de que vendedores devam se posicionar como Pitbulls, como se o objetivo de seu trabalho seja a venda bruta e massiva desenfreada. Não devemos atacar os clientes com nossas armas de persuasão, mas ajudá-los a resolver seus problemas com as nossas soluções.

▫ **O AMANTE** reside em toda mitologia baseada na crença do amor. Seja o amor fraterno demonstrado pelas irmãs em *Frozen*, seja no amor que supera os preconceitos, como vimos em *Uma Linda Mulher*. Don Juan de Marco, Casanova e Romeu também encarnaram o mesmo arquétipo na literatura, assim como na mitologia, Afrodite (romana) e Eros (grega), Ísis (romana) e Hator (egípcia) e Vênus (romana) também cumpriram bem este papel. No *sitcom* de sucesso *Friends*, a personagem Joey tinha uma capacidade quase sobrenatural de seduzir as mulheres com apenas uma frase *"How you doin'"*. Já Barney Stinson, em *How I met your mother* chegou a escrever um *playbook*, uma espécie de bíblia da conquista.

De toda forma, o arquétipo do amante nos envolve em narrativas que mostram que o amor, seja como for, sempre deveria vencer. A Boticário fez uma campanha quebrando paradigmas publicitários sobre os padrões heteronormativos no dia dos namorados. Em outro sentido, a Paco Rabanne desenvolveu uma campanha para o perfume 1 Million, mostrando seu personagem masculino que conquista as mulheres apenas com um estalar de dedos. Sobre os *brand places*, temos a popularizada frase "I ♥ (love) New York" como uma das mais simples e notáveis campanhas já feitas para uma cidade. E também não é à toa que o amor é uma recorrente inspiração para as diferentes expressões artísticas, como a pintura, a escultura, o teatro, a música, a dança, a literatura e o cinema. Enfim, independente de mitologia, história, contexto ou marca, sabemos que o amor vende. E muito!

▫ **A PESSOA COMUM** não tem nada de especial e talvez seja justamente por isso que faz tanto sucesso nas narrativas, religiões e mitologias. A pessoa comum é "gente como a gente". Muitos políticos usam tal estratégia discursiva quando descem de seus carros importados para subir no lombo dos burros, comer buchada de bode no barzinho de um bairro popular, andar de ônibus, segurar crianças desconhecidas no colo e tomar caldo de cana na feira. O sentido de conexão cria empatia e é inclusive usado como um "gatilho mental" ao buscar o que há de comum nos consumidores para estabelecer um sentido de proximidade, similaridade e confiança.

Talvez um dos programas televisivos de maior sucesso já feitos seja o *Big Brother*. Adaptado em versões para dezenas de países e por algumas décadas, traz consigo o fator de curiosidade popular em torno da vida das pessoas comuns. E o extinto Orkut, assim como o Facebook não cresceram sobre o mesmo pretexto? "Fuçar" a vida de pessoas comuns, acompanhar seus pensamentos, esperar suas falhas, torcer pelas suas conquistas era exatamente o ingrediente que faltava à TV ou ao cinema, com seus artistas que interpretavam personagens tão cheios de magia, sedução, poder e vigor, mas com tão pouca verossimilhança e familiaridade com a humanidade. Os primeiros microblogs se popularizaram nesse sentido, pois precisávamos dizer às pessoas comuns que elas não deveriam colocar uvas-passas no arroz, ou criticar os candidatos que votam, opinar sobre as mudanças em seus corpos, ou seus novos relacionamentos amorosos. Levando-se em consideração a força do arquétipo, podemos dizer que a pessoa comum vende tanto ou até mais do que heróis, amantes, governantes ou sábios.

No fim das contas, devemos levar em consideração que o inconsciente coletivo se forma a partir de diversos monomitos, ou arquétipos, e não apenas os doze amplamente popularizados nos cursos de gestão. Entre eles, destaco "A DISPUTA ENTRE OS GÊMEOS", ou "O GÊMEO SINISTRO": que embora não tenha sido listado por Mark e Pearson (2003) como um desses doze principais arquétipos usados pelas marcas, também está presente nas diferentes mitologias, religiões e formas de artes. Disputas entre irmãos são comuns na mitologia, na religião e na gestão das marcas. Caim matou seu irmão Abel e isto tenta simplificar, de acordo com o Antigo Testamento bíblico, toda a miséria espalhada pelo mundo. Os miseráveis que hoje pisam sobre a Terra foram justificados pela simples descendência de Caim, como castigo de Deus, no Antigo Testamento. A bíblia ainda destaca a perda do direito à primogenitura de Esaú por Jacó, que enganou seu pai cego, culminando em conflitos entre os descendentes dos irmãos. A fundação de Roma também se deu sobre uma tragédia forjada em uma discussão entre irmãos, culminando no assassinato de Remo por Rômulo. Noveleiros e noveleiras brasileiros vão se lembrar da disputa entre as gêmeas Ruthinha (que era boazinha) e a Rachel (muito má) na novela *Mulheres de Areia*, que fez sucesso a ponto de ser regravada algumas décadas depois. Um prisioneiro não identificado, preso sob o nome de Eustache Dauger, foi mantido em cárcere no reinado de Luís XIV, tendo seu rosto sempre coberto por uma máscara de veludo. Sua história e identidade se propagaram como mitos, sendo descrito em um clássico texto de Voltaire como o irmão ilegítimo de Luís XIV. Posteriormente, foi o tema a inspiração para o fechamento da saga dos Três Mosqueteiros: *O homem da máscara de ferro*, escrito por Alexandre Dumas e adaptado para o cinema em diferentes versões. Tal tipo de narrativa é tão envolvente que eu poderia arriscar dizer que um dos meus roteiros favoritos de cinema é *Adaptação*, escrito por Charlie Kaufman e interpretado por Nicolas Cage. A história gira em torno de dois irmãos gêmeos e que trabalham como roteiristas. Um tem bastante sucesso escrevendo roteiros populares, enquanto o outro amarga fracassos e se entrega à baixa autoestima, mesmo que seja um intelectual. Posso também dizer que o jogo eletrônico, *The Cave*, se destaca entre os meus favoritos. O *plot* gira em torno de uma caverna falante, que narra de maneira mórbida uma história que explica como nossos maiores desejos conscientes carregam perigos inconscientes que podem nos levar à danação. E para isso o jogo conta com sete personagens e contextos que explicam alguns desses arquétipos: o guerreiro, os gêmeos sinistros, a viajante no tempo, a cientista, o monge, o caipira apaixonado e a aventureira.

O mercado também usa de tal ideia para promover marcas. Empresas que se dividiram em duas concorrentes aquecem o imaginário de seus consumidores, que tomam partido. Nos quadrinhos temos vários exemplos da exploração deste tema. Na Marvel, a Feiticeira Escarlate é irmã de Mercúrio. Em WandaVision, a protagonista vivencia uma estranha gravidez relâmpago que culmina com o nascimento de gêmeos, que crescem em uma velocidade incomum.

Também conhecido como o arquétipo do gêmeo sinistro, ele não necessariamente representa a ideia de irmãos necessariamente nascidos da mesma mãe, mas de um espelhamento de personalidade. Ainda nos quadrinhos podemos exemplificar com as personagens de Flash e Flash Reverso, Bizarro e Superman, Venon e Homem-Aranha.

O *slogan* criado em 1987 para a vodca brasileira Orloff, ainda hoje ecoa na cabeça de pessoas que, assim como eu, já passaram da idade de Cristo quando morreu. No comercial, uma espécie de "gêmeo sinistro" aborda seu sósia em um bar e o aconselha a trocar a bebida que está tomando pela vodka da marca Orloff. Há indícios na fala do interlocutor sobre as consequências de uma ressaca dependendo da escolha da bebida. Ao ser questionado sobre sua autoridade, ele responde:

"Eu sou você amanhã!"

BRAND PERSONA

rand persona pode ser confundida com mascote, porta-voz da marca, garoto propaganda, CEO, uma vez que não deixa de carregar um pouco de tudo isso. A diferença consiste no uso do brand que, como sabemos, é muito mais que uma representação gráfica ou identitária, mas algo que carrega todo o universo de significados que envolvem o produto ou serviço. Enquanto as mascotes das marcas eram promovidas por meio de animações nos filmes publicitários ou imagens estampadas nas embalagens, as brand personas conversam com os públicos, interagem e geram engajamento. Elas têm personalidade e capacidade interativa, responsiva e muitas vezes não previsível. A Netflix, por exemplo, personifica a sua marca, mesmo que de forma oculta, por meio de comentários, publicações e conversas humanizadas.

Certa vez, a empresa foi questionada por um usuário do Instagram em um *post* no *feed*: "O Netflix ou a Netflix. Pois eu acho que seria o serviço de *streaming*/app não entendo por que a mídia usa a Netflix".

Prontamente a marca respondeu: "Porque sou menina, simples assim".

Já foi o tempo em que presidentes e CEOs das empresas ocupavam espaços restritos a salas confortáveis, em cadeiras acolchoadas enquanto analisavam relatórios apresentados pelos gerentes. Muitos deles se tornam evangelizadores em nome das marcas que representam e transferem publicamente seus valores, por meio dos seus discursos e atitudes que incluem, na exposição da vida cotidiana, o espírito que promove a personalidade das empresas. Henry Ford, Walt Disney e Steve Jobs já faziam isto. Hoje vemos como Jeff Bezos, Mark Zuckerberg, Bill Gates, Richard Branson, Elon Musk e Luiza Trajano cumprem muito bem esses papéis.

Independente da forma ou das formas pelas quais determinada marca é personificada, o importante é compreender a força da brand persona para humanizar, aproximar e imprimir veracidade arquetípica à força discursiva da marca. Listarei algumas possibilidades:

Quadro 5 – Tipos de brand persona

CATEGORIA	EXEMPLO
▫ **Porta-voz humano**: presidente, CEO ou embaixador da marca.	Silvio Santos (SBT).
▫ **Garoto(a)-propaganda**: Estampa as campanhas.	Sebastian (C&A); Baixinho da Kaiser e Garoto da Bombril.
▫ **Oculta**: Tem voz e personalidade, mas não tem forma definida	Netflix e Prefeitura de Curitiba.
▫ **Mascote humanizado**	Lu do Magalu e CB das Casas Bahia.
▫ **Inteligência artificial / Assistente pessoal**	Alexa (Amazon) e Siri (Apple)
▫ **Mascote não humano**	Zé-gotinha (Campanhas de vacinação) e Lequetreque (Peru da Sadia).

Fonte: Cláudio Rabelo (2022).

Muito importante ressaltar que, assim como a customer persona é criada a partir de valores estabelecidos no planejamento estratégico, as brand personas também devem carregar os valores planejados na etapa de criação da plataforma da marca.

CUSTOMER PERSONA

V ou insistir na clássica frase de Sinek (2018): "Comece pelo porquê". Por muitos anos os compradores foram segmentados por idade, sexo ou classe social. Tratá-los como *target*, ou alvos, era algo fundamental em uma campanha de propaganda, mas hoje tal segmentação deve ser considerada com ressalvas quando tratamos sobre estratégia. Por isso enfatizei, em *Faixa Preta em Publicidade e Propaganda*, o *behavioral targeting* como uma premissa para segmentar públicos pelos seus comportamentos e não pelos seus estereótipos.

Ferramentas que configuram estratégias de mídia online, como Google Ads, conseguem identificar não somente os comportamentos como também as intenções. O futuro imaginado por Philip K. Dick em *Minority Report* já não parece tão distante, uma vez que os estrategistas conseguem perceber, por meio dos rastros que deixamos ao usar a internet, as intenções de ir à praia no próximo verão, ou ao congresso de estudos da comunicação que acontecerá em outro país. Os algoritmos conseguem identificar as indecisões em relação às próximas eleições presidenciais e quais argumentos fariam os eleitores mudarem de ideia. São dados entregues pelos próprios usuários em cada movimento em uma mídia social, ou a partir do uso dos cartões de crédito e até mesmo pelo simples deslocamento humano enquanto usam quaisquer aparelhos que permitam a geolocalização. Neste futuro, que já chegou, temos adolescentes que gostam de tricotar, idosos sexualmente ativos, mulheres fanáticas por futebol, homens que gostam de comédias românticas e intelectuais que nunca frequentaram uma escola. A publicidade desperdiçou por muito tempo esses públicos enquanto tentava apontar os canhões de suas mídias para atingir estereótipos massivos.

Porém, mesmo diante da eficácia da segmentação *um a um* baseada em *behavioral targeting*, não podemos esquecer a importância de estabelecer o nosso tom de voz corporativo. E, nesse sentido, empresas contemporâneas se tornaram marcas, tratadas como se fossem pessoas. A própria Netflix se posiciona nas mídias sociais como uma menina e responde diretamente aos clientes, não como um robô programado para atender pelo SAC (serviço de atendimento ao cliente), mas como uma pessoa com espírito e sentimento. Nos últimos anos, essa alma que envolve as empresas tem sido tratada com o nome de ***brand persona***. No contexto do marketing digital essa palavra usurpada da psicologia analítica, passou a ser utilizada como um método para consolidar o **posicionamento de marca** e simular uma comunicação mais humana com os públicos.

Nesse caso, a marca cria uma personagem fictícia, ou seja, a **customer persona**, que seria o perfil do seu cliente ideal. São simuladas as características físicas e de personalidade a fim de auxiliar os diferentes pontos de contato de uma empresa na coerência ao se comunicar com grandes públicos.

Importante ressaltar que não se trata de mera criação livre, mas de uma importante ferramenta, que se assemelha às tradicionais técnicas de *media training*, muito utilizadas nas assessorias de imprensa para simular situações reais de tensão em entrevistas com repórteres. Por isso, o público caracterizado como customer persona deve ser criado a partir do resultado de pesquisas de comportamentos, hábitos, jornadas de consumo e aspirações reais dos consumidores. A técnica não deve ser confundida com brand persona, que se trata de uma personificação da própria marca.

Demonstro a seguir a diferenciação entre o tradicional público-alvo e a descrição da customer persona:

PÚBLICO-ALVO:

Mulheres de classe AB, entre 15 e 25 anos de idade, moradoras de centros urbanos, com escolaridade média e superior. Se preocupam com beleza, estética, alimentação saudável e prática de esportes.

CUSTOMER PERSONA:

Marina tem 19 anos, mora no Leblon, faz cursinho pré-vestibular e sonha em ser veterinária. Tem hábitos alimentares saudáveis, mas nada muito rigoroso, pois às vezes se permite comer doces e alimentos gordurosos, sem exagero. Faz Pilates duas vezes por semana, mas frequenta academia todos os dias. Vai para a aula de bicicleta ouvindo Spotify. Gosta de ouvir música pop nacional e internacional. Lê, em média, dois livros por mês, variando entre literatura clássica e popular. Assiste a séries na Netflix, na Amazon Prime e na HBO Max. Suas marcas favoritas são a Apple e a Farm. Não gosta de se envolver com política e não confia nos políticos. Nos fins de semana frequenta a praia, mas quando chove vai ao shopping. Gosta de viajar e possui um gato, Tom, como animal de estimação. Não está em um relacionamento sério, mas afirma ter um *crush*, um rapaz de quem gosta e que conheceu no curso de inglês. Marina está de "saco cheio" do Facebook e dos grupos de família no WhatsApp. Suas mídias sociais favoritas são o Instagram, em que nutre orgulho de seus 7 mil seguidores, o TikTok, em que posta vídeos curtos e engraçados e o YouTube, que usa apenas para assistir a seus canais favoritos sobre variedades.

PARTE SETE

ATIVAÇÃO DO
CRESCIMENTO

GROWTH HACKING

A indústria farmacêutica Pfizer pesquisava um novo medicamento contra a angina, uma doença que estreita as veias e prejudica o coração. Com o fracasso dos testes perceberam que o fluxo sanguíneo dos pacientes estava funcionando de uma maneira inesperada (não precisamos entrar em detalhes) e, assim, surgiu o Viagra, uma forma de hackear os percalços da idade avançada. Eu não poderia usar trocadilho mais infame para associar o *growth* (crescimento) ao *hack* (uma brecha, um caminho). Brincadeiras à parte, o growth hacking, geralmente associado ao marketing digital, pode ser aplicado como uma filosofia gerencial para qualquer setor que deseja encontrar caminhos alternativos para o crescimento rápido.

São inúmeras as possibilidades estratégicas para esse crescimento rápido. Eu poderia inserir entre as sugestões já listadas, data science, machine learning, design thinking, UX e até mesmo a criação de concursos culturais, mas as escolhas dependerão das demandas específicas e da realidade de cada empresa.

Sean Ellis (2018) é considerado o criador do growth hacking, dividindo o trabalho em um ciclo de cinco etapas:

1. Brainstorm
2. Seleção de ideias
3. Modelagem / experimento
4. Execução
5. Medição

Na etapa de *brainstorm*, ou tempestade de ideias, devem ser identificados os problemas para que possam ser listadas as possibilidades alternativas e pouco usuais para atingir rapidamente os objetivos de crescimento. Grupos multidisciplinares devem se reunir em ambientes que estimulem a criatividade para que exponham livremente e sem julgamentos as ideias. Embora a análise SWOT seja um método bastante tradicional, penso que poderia ser utilizada como catalisador de um *brainstorming* eficaz. Como nossas fraquezas internas poderiam ser utilizadas como forças? Como as ameaças macroambientais poderiam tornar-se oportunidades? Uma das principais características do growth hacking consiste na lógica *member get member*, a mesma utilizada pelo Orkut, que dotava seus primeiros usuários de convites exclusivos para a convocação de novos membros para a plataforma. É também amplamente utilizada para o rápido crescimento da Wine, uma das maiores vendedoras de vinho online do mundo, que presenteia com *vouchers* e brindes os clientes que indicarem novos assinantes. O PicPay, aplicativo com características de um cartão de débito digital que permite transações financeiras rápidas com apenas um *click* dos smartphones, também cresceu oferecendo *cashback* (troco) para pagamentos efetuados pelo aplicativo a empresas ou outros usuários. Isso estimulava a constante pergunta "aceita PicPay?" e, consequentemente, o crescimento rápido da base de clientes.

A seleção de ideias vai definir os próximos passos para aplicação das estratégias de hipercrescimento. Será um aplicativo, uma parceria estratégica diferenciada, uma mudança nos canais de distribuição, uma maneira diferente de otimizar e automatizar o gerenciamento das vendas, uma nova política de incentivo aos colaboradores internos e fornecedores, uma nova tecnologia de produção, ou a exploração de um mercado inexistente? O importante é pensar que soluções simples, de baixo custo e que possibilitam rápido crescimento, muitas vezes estão bem à nossa frente, mas não conseguimos enxergar as brechas em meio aos paradigmas inerentes ao próprio negócio.

Já na etapa de **modelagem e experimentação** as ideias devem ser aplicadas de forma segura e em ambientes controlados. Por exemplo, uma saladeria que pretende ampliar sua base de clientes pode buscar otimização a partir de parcerias estratégicas com nutricionistas, academias de ginástica, produtores de conteúdo especializados em saúde e bem-estar, farmácias de manipulação ou hotéis. Para que isso aconteça a empresa pode prototipar cartões-desconto com códigos personalizados a serem distribuídos nesses locais. À medida que os cartões são utilizados, comissões em dinheiro ou produtos podem ser ofertados aos que distribuíram esses *vouchers*. A mesma lógica pode transformar clientes comuns em revendedores dos valores da marca. Os tradicionais cartões de fidelidade, antes utilizados individualmente, agora podem assumir um caráter social e gamificado, assim, o cliente mais valioso deixa de ser aquele que mais consome de forma individual e passa a ser o que mais traz outros clientes. Se isso funcionar, quem sabe o protótipo desenvolvido em forma de cartão impresso não mereça se tornar um aplicativo.

Durante a **execução,** as ideias devem ser efetivamente aplicadas. Barack Obama foi um presidente que conseguiu encontrar as brechas para conversar com eleitores por canais que os outros políticos ainda não haviam explorado. Utilizou a publicidade *ingame* para falar com o público jovem por meio da simulação da publicidade tradicional nas ambiências dos jogos eletrônicos, utilizou *crowdsorcing* para criar bases eleitorais propagadas por pessoas comuns e ressignificou a linguagem política por meio de campanhas virais com *mashups* e memes, a exemplo da famosa colagem das falas dos artistas que reproduziam o discurso *Yes, We Can*, sob a primorosa produção de Will.I.am, o lendário criador da banda Black Eyed Peas.

E, por fim, é necessário **mensurar** os resultados. Os gestores não devem buscar culpados ou se sentir frustrados quando as respostas não forem as esperadas. Uma das vantagens do growth hacking consiste na aprendizagem. A medição é o momento de aprender com as experiências e avaliar os pontos fortes e fracos na estratégia adotada.

INBOUND

Estava pensando em como começar este capítulo e também nas metáforas que poderia utilizar para explicar, de forma simplificada, a metodologia que caracteriza o chamado inbound marketing. Então comecei a cantar a antiga música escrita por Carlos Caetano do Nascimento e popularizada pelo grupo de samba Revelação:

> "Deixa acontecer naturalmente
> Eu não quero ver você chorar
> Deixa que o amor encontre a gente
> Nosso caso vai eternizar."

Pois é. O famoso conselho amoroso já se tornou um clichê, mas demorou a ser descoberto pelos publicitários: "Não demonstre muito interesse na relação e vá devagar. Deixe que a sua relevância seja percebida naturalmente e, quem sabe, o amor vai eternizar."

E é justamente assim que se diferencia o inbound do outbound: o caminho planejado entre o conhecimento da existência de um produto até a sua aquisição. O primeiro atrai o consumidor naturalmente durante a jornada de compras, enquanto o segundo empurra as abordagens de vendas.

Estudar o caminho da atenção não é novidade. A publicidade tradicional já trabalhava com o conceito de **AIDA**, que pode ser simplificado da seguinte maneira:

- Primeiro um anúncio deve chamar a **Atenção**, ou seja, ser visto, percebido. Pelo percurso discursivo aristotélico isso começaria pelo exórdio, um título impactante e uma frase de efeito.

  » "E aí… Quer ir pra cama comigo?"

- Em seguida ele tem que despertar o **Interesse** dos leitores. E isso poderia ter continuidade com a narração, ou seja, uma história que envolva o espectador.

  » "Eu não sou apenas um colchão comum, mas simplesmente o colchão mais confortável em que você já dormiu na sua vida."

- Em terceiro lugar despertaríamos o **Desejo**, que pode ser fomentado com as "provas", que são os atributos que diferenciam e convencem os consumidores.

  » "São 72 fileiras de molas ensacadas com tecnologia da Nasa. O revestimento é feito de algodão egípcio de 900 fios, que contém três vezes mais maciez que os colchões de primeira linha. Também conta com filtros especiais antiácaros, que protegem contra rinite alérgica, asma e outros problemas respiratórios."

- E, finalmente, o anúncio termina com a peroração, que seria uma espécie de fechamento do discurso, capaz de retomar a abordagem inicial, fazendo tudo ter mais sentido a **Aquisição** do produto.

  » "Colchão Ortiflex – O colchão bom de cama. Visite nossa loja online."

Esse é um tipo de anúncio característico dentro do modelo de *outbound*, pois ele interrompe o consumidor para "empurrar" a venda de um produto ou serviço. Pode estar entre as páginas de uma reportagem ou no intervalo comercial de uma novela. Ou, pior ainda, é capaz de surgir como um *pop-up* na tela do computador. Tudo aparenta uma medida desesperada de convencer os consumidores para o início de uma relação comercial, mesmo quando ainda nem foram apresentados direito às marcas anunciantes.

Inbound, por outro lado, é também considerado como o marketing de atração, pois são os consumidores que passam a seguir e desejar as pistas comunicativas deixadas pelas marcas, que partem do conhecimento de um problema existente até a aquisição do produto, capaz de resolvê-lo. Com a mescla entre SEO, Automação de Listas, Marketing de Conteúdo, UX, Copy, Storytelling e Métricas, os consumidores são organizados em uma espécie de funil, que dividirá as abordagens específicas e diferenciadas para cada etapa da jornada. Observe o exemplo:

FIGURA 13 – INBOUND MARKETING

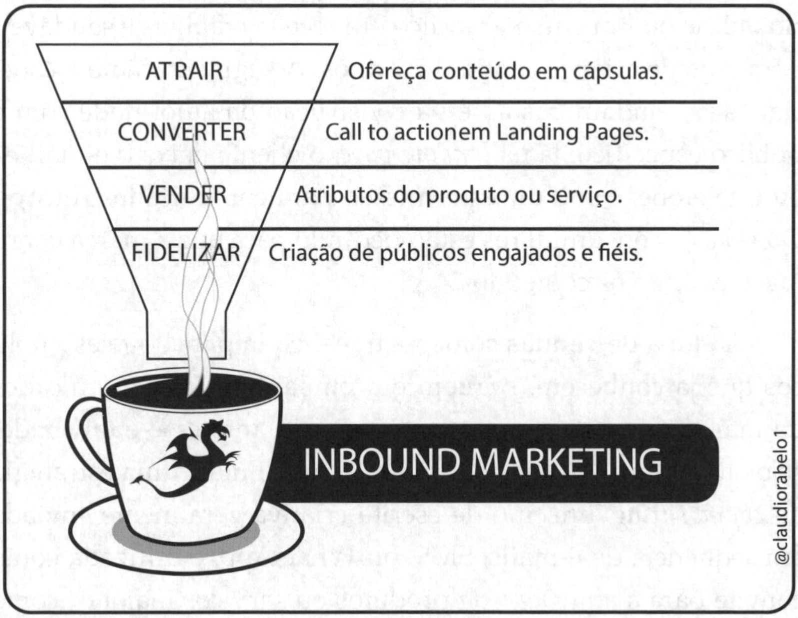

ATRAIR	Ofereça conteúdo em cápsulas.
CONVERTER	Call to action em Landing Pages.
VENDER	Atributos do produto ou serviço.
FIDELIZAR	Criação de públicos engajados e fiéis.

INBOUND MARKETING

Fonte: Cláudio Rabelo (2022).

Vamos trabalhar o exemplo de inbound aplicado aos objetivos de um *chef* de cozinha, focado em alimentação saudável:

Na etapa de **atração**, deveremos identificar as dores do customer persona e criar abordagens que ajudem a promover a empatia. Seu produto ainda não precisa ser vendido.

Pode-se, por exemplo, impulsionar *cards* em formato de carrossel que levam à *landing page*, ou seja, à página de pouso. O sistema automatizado entenderá que o cliente se interessa pelo tema "alimentação saudável" e faz parte do público.

EXEMPLO DE ABORDAGEM:

"Conheça os cinco alimentos saudáveis que as crianças adoram e que combinam com qualquer refeição."

Na etapa seguinte, a de **conversão**, é importante oferecer um conteúdo mais completo e diferenciado. Um *e-book*, um seminário online ou um curso gratuito com receitas rápidas e saudáveis para pais de crianças entre 3 e 7 anos. A segmentação e a especialização ajudam bastante na construção da autoridade com o público específico. Já na *landing page*, o cliente deixa o e-mail e/ou o telefone, como uma permissão para comunicados futuros. Ou seja, os consumidores estão pedindo para que a marca continue enviando os conteúdos.

A etapa de **vendas** somente é realizada para aqueles públicos que já conhecem, seguem e acompanham os comunicados da marca. Ou seja, já possuem confiança, interesse e talvez desejo em adquirir os serviços mais "caros". Então, uma estratégia de *copywritting*, um tipo de escrita criativa geralmente enviada em sequência de e-mails, SMS, ou WhatsApp, é utilizada como convite para a aquisição de produtos ou serviços maiores, como a participação em um clube exclusivo para assinantes ou cursos presenciais.

E, por fim, a etapa da **fidelização** é feita com aqueles clientes que estão na base do funil. Eles devem ter benefícios especiais, com atendimento diferenciado para que possam se sentir importantes e, assim, desejem compartilhar os conteúdos, além de convencer outros clientes e continuar comprando as novidades que a marca tem a oferecer.

Algumas dicas para tornar as ações de inbound mais eficazes:

- **Aposte na automação** – Softwares como o RD Station são muito úteis para auxiliar na criação das *landing pages*, *pop-ups*, botões de WhatsApp e e-mail marketing. É um sistema que ajuda na segmentação e na automação, com geração de relatórios sobre as ações. Tem a vantagem de ser intuitivo e ter suporte da empresa. MailChimp também é outro sistema muito usado em inbound, para a automação, a organização e o disparo de e-mails em massa.

- **Otimize páginas e publicações para os mecanismos de busca** – Não ignore as ações de SEO (*Search Engine Optimization*) ao organizar seus dados internos, como os títulos, as palavras-chave, os nomes dos arquivos e os links internos. Lembre-se de que o Google e os outros mecanismos de busca são robôs, que tentam mostrar aos usuários os conteúdos mais relevantes. Logo, você deve facilitar ser encontrado. Ao mesmo tempo, busque se relacionar com outros canais digitais relevantes dentro do seu assunto e realizar ações de *link building*, uma vez que os algoritmos dos mecanismos de busca também dão preferência para sites que são "citados" por outros, com o direcionamento de links.

- **Capriche no conteúdo** – Estude as técnicas de storytelling e *copywritting*. É importante conhecer a importância dos arquétipos, as condições argumentativas popularizadas como "gatilhos mentais", ter clareza na organização conceitual das brand personas e customer personas. Procure entender as formas de conteúdo que seriam úteis e agradáveis aos seus públicos em cada etapa da jornada. Fotografias, tutoriais, enquetes, *e-books*, palestras, artigos, seminários online, cursos, *newsletter*, games, infográficos, dicas, grupos de discussão, entre centenas de outros formatos, devem ser planejados dentro dos objetivos de cada etapa do funil.

- **Conteúdo original** – Tenha cuidado com imagens e textos prontos na internet. Além de não ser ético, também é ilegal. Os *bots* já estão sendo utilizados por empresas que estão enviando cobranças em massa para blogueiros ou empresas que usam imagens com direitos autorais.

STARTUPS

Você talvez já tenha ouvido falar de Antonio Meucci, mas certamente sabe quem foi Alexander Graham Bell. O primeiro, mais de um século após a sua morte, foi reconhecido pelo Congresso dos Estados Unidos como o verdadeiro inventor do telefone. Já o segundo foi quem conseguiu registrar a patente e explorar o novo mercado. O aparelho de "telégrafo harmônico" representou um grande avanço tecnológico para a época e um importante motor de desenvolvimento social. Com a implantação das redes telefônicas nos centros urbanos, a *American Bell Telephone Company* tinha todos os predicados necessários para ser considerada uma startup, por mais estranho que isso possa parecer. A expressão equivocadamente é associada às tecnologias capazes de transformar empresas de garagem em gigantes tecnológicas como o Google, a Amazon, a Netflix ou o Spotify, vistas como religiões, cujos templos foram levantados no Vale do Silício.

Startup é uma palavra que se tornou comum nos ecossistemas corporativos, como um sonho dourado de jovens empreendedores que acreditam na promessa de que uma ideia rápida e inovadora possa cair no gosto popular, atraindo, além da fama, investidores e clientes. Empresas como a Uber, a Netflix, o Airbnb e o Clubhouse são geralmente lembrados como exemplos de startups, pois reúnem os predicados necessários para isso.

Startups são modelos de negócios que envolvem novas tecnologias e que possuem potencial para atingir grandes mercados. São facilmente escaláveis e capazes de gerar uma produção exponencial de forma enxuta e flexível. Geralmente essas empresas inauguram novos mercados ou respondem demandas já existentes de forma inovadora e, assim, inspiram empreendedores, clientes, fornecedores, novos entrantes, concorrentes indiretos e mercados correlatos a seguir seus passos.

Figura 14 – Características das startups

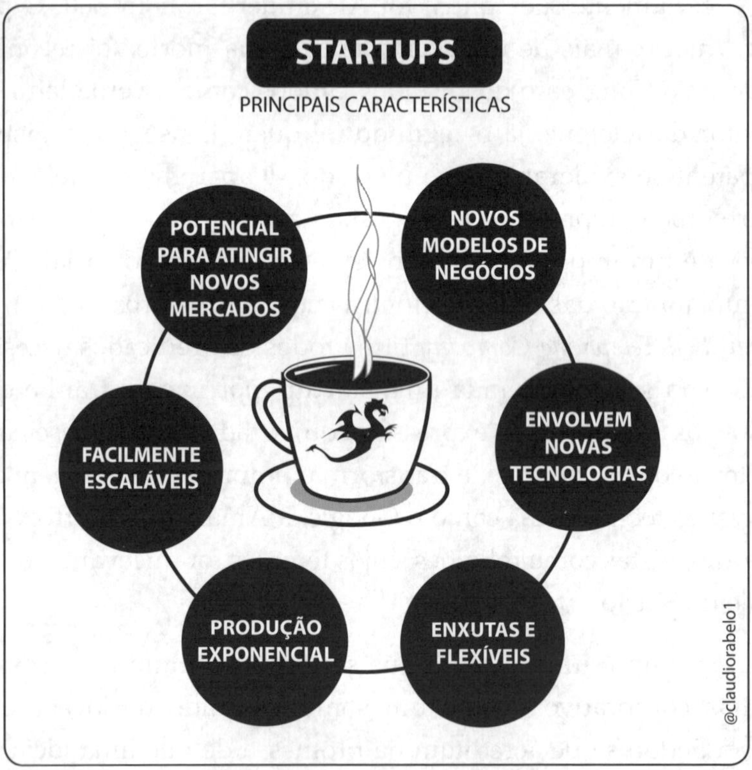

![Figura 14](figura14.png)

Fonte: Cláudio Rabelo (2022).

Inocência seria pensar que tal lógica se restringe aos aplicativos ou às empresas da era pós-digital. Startups são como *big bangs* que geram plataformas sociais. Imagine o que o modelo de negócios criado por Gutenberg no século XV representou. Sua prensa de tipos móveis não apenas impulsionou o mercado editorial, mas foi preponderante para o fortalecimento massivo das religiões, das políticas públicas, das universidades, da imprensa, da ciência e da tecnologia como um todo. Os livros impressos, muito além da literatura, posteriormente moldaram outras indústrias do entretenimento, como o cinema, e ajudaram na expansão de empresas, a exemplo da Amazon – a primeira loja online da história, que inicialmente vendia livros até se tornar uma das marcas mais poderosas do mundo. Os jornais ajudaram a criar e apartar os conflitos entre as nações, elegeram presidentes, ditaram modas e hábitos de consumo e circulação de novos discursos. Por isso, não é exagero dizer que uma ideia inovadora, quando bem aplicada, não modifica somente um segmento de mercado, mas toda a história da humanidade.

A teoria de Kim e Mauborgne (2005), denominada Estratégia do Oceano Azul, não somente é uma das melhores formas para inovar dentro de setores com alta concorrência, como também pode ser aplicada para o empreendedorismo em mercados inexistentes. Para os autores, deveríamos evitar os oceanos vermelhos, maculados pelo sangue derramado pela alta concorrência. Em vez disso, poderíamos pensar de forma estrategicamente diferente, encontrando nichos não explorados por meio da redução de custos e aumento da relevância, tornando obsoleta a competição via produtos específicos. O início do McDonald's pode ser tomado como exemplo: os irmãos criaram um negócio de venda de hambúrgueres com alto nível de padronização, feitos com ingredientes simples e produzidos de forma dinâmica. Os lanches eram entregues por uma janela e devidamente embalados para serem consumidos em espaços públicos. O novo modelo demandava menos funcionários, permitia a redução dos espaços de consumo e uma consequente economia com limpeza, manutenção e perecibilidade do estoque. Seu modelo de negócios inspirou a formação de concorrentes e movimentou diversos outros negócios, como o imobiliário, o agropecuário e o publicitário.

Mas vamos falar sobre as nossas contemporâneas startups. Elas são normalmente inovadoras e carregam legiões de outros empreendedores, que tentam realizar o *benchmarking* na tentativa de superá-las. Por exemplo, as redes de táxi não conseguiram enxergar as mudanças no ecossistema e as falhas no seu modelo de negócios. Para se ter uma ideia mais ampla, o mercado da hospedagem dá espaço a hotéis, pousadas, *resorts*, motéis, aluguéis, vendas imobiliárias e mais recentemente o Airbnb. A Uber seria uma startup altamente copiável se não fosse pelo seu interessante trabalho de gestão de marca, aliado ao seu dissuasivo entendimento acerca das "dores dos clientes". A empresa não se enxerga como um serviço alternativo ao táxi, mas como uma empresa inovadora que responderá aos principais problemas de mobilidade e logística. A marca já faz o estudo de entregas por drones e pesquisa formas de locomoção inovadoras para o setor. Propõe viagens compartilhadas de transporte coletivo, entrega de alimentos e uma série de outras soluções logísticas. Com a construção de uma marca forte em torno de uma plataforma consistente, a Uber poderá dominar mercados que envolvem a construção de rodovias e o monopólio de softwares de controle de tráfego aéreo. Se um dia realizar fusões estratégicas com a Amazon ou com o Google, poderá impactar todo o ecossistema comercial do mundo, e de formas que ainda nem podemos imaginar.

A seguir, resumo comentado das principais características das startups:

QUADRO 6 – CARACTERÍSTICAS DAS STARTUPS

Novas tecnologias	Utilizam novos meios, novas linguagens, novos recursos e modos de operação.
Enxutas e flexíveis	Contam com poucos recursos. O modelo baseado em inovação e criatividade na gestão permite reduzir os custos, comparando-se com as formas tradicionais de responder às mesmas demandas/dores dos consumidores.
Facilmente escalável	Permite crescimento exponencial com custos reduzidos. Por exemplo, uma rede de hotéis precisaria construir o dobro de unidades para duplicar a ocupação. Porém, o Airbnb consegue ampliar sua base de clientes sem que seja necessário dobrar os investimentos.
Produção exponencial	Atuam de forma ágil. Usam métodos como o Design Thinking, Sprint, Canvas e Lean para prototipar, testar e modificar seus modos de atuação.
Potencial para atingir novos mercados	Exploram o oceano azul, tornando a concorrência obsoleta, uma vez que apostam na criação de novas formas de atender às demandas já existentes, com redução de custos, ampliação do valor de entrega, eliminação de burocracias desnecessárias e a criação de produtos até então inexistentes ou pouco explorados.
Novos modelos de negócios que inspiram a concorrência	Basta observar a explosão de serviços de streaming que surgiram após o sucesso da Netflix. Até a primeira versão deste livro, eu já assinava Globoplay, Amazon Prime Video, Disney Plus e HBO Max. Podemos dizer que o Orkut (em sua época), a Uber e o Airbnb fizeram o mesmo, ou seja, deram o *start* para novas formas de atender demandas já existentes.

Fonte: Cláudio Rabelo (2022).

SPRINT

É um método criado por Jake Knapp (2017) e amplamente utilizado pelo Google para testar e aplicar novas ideias. O nome deriva do atletismo e diz respeito ao movimento de máxima aceleração em curtas distâncias na corrida. No sentido empresarial, o sprint é o "gás" necessário para criar e prototipar projetos em apenas cinco dias. Isso é feito por meio de uma equipe multidisciplinar de aproximadamente sete pessoas. O autor sugere pelo menos um especialista em cada área: **finanças**, **marketing**, **consumidor**, **tecnologia/logística**, **design**, além de um "**criador de casos**", capaz de encontrar os problemas e as dificuldades que poucos são capazes de enxergar. E, finalmente, um **definidor** entre os membros da equipe, que é responsável por garantir que as ideias não se percam, ganhando substância e propósito. Dentre os membros, também é importante destacar um facilitador, capaz de mediar os conflitos e tornar o processo mais simples e agradável.

Para que a dinâmica seja bem-sucedida os participantes devem estar comprometidos com o projeto, inclusive abrindo mão de distrações advindas de telefones ou aparelhos com acesso à internet. Além disso, a metodologia deve ser aplicada em um ambiente aprazível e com o uso de materiais que possam incentivar o processo criativo, como quadros, canetas coloridas, tesouras, colas e Post-It.

Resumidamente, a rotina de cinco dias do sprint pode ser descrita da seguinte maneira:

Segunda – Cada especialista da equipe irá se apresentar e dizer como pode contribuir com conhecimentos específicos. O grupo escolherá um objetivo de longo prazo e desenhará um mapa do desafio, apontando um problema ambicioso que deverá ser solucionado em uma semana.

Terça – É o dia para ajustar e aperfeiçoar ideias. O autor propõe que tal processo ocorra em quatro etapas:

1. Anotações / reunião de informações-chave;

2. Ideias / rascunho; rabisco de soluções;

3. Crazy 8 (divisão de uma folha de papel em 8 partes) / experimentação de variações rápidas;

4. Esboço das soluções / reflexão sobre os detalhes.

O autor também sugere que os esboços sejam feitos individualmente e em grupo, pois existem vantagens nos dois modelos. Neste dia também são feitas apresentações rápidas de ideias (aproximadamente 3 minutos), por parte de todos os participantes.

Quarta – Neste dia serão decididas quais ideias têm mais chances de chegar aos resultados esperados. O processo decisório passa por cinco etapas:

1. Museu de arte – Os esboços são colados no quadro;

2. **Mapa de calor** – As soluções são analisadas e as melhores ideias são marcadas, por exemplo, com bolinhas coloridas;

3. **Críticas-relâmpago** – As ideias são rapidamente discutidas e novas ideias são anotadas nos quadros;

4. **Pesquisa de intenção de voto** – Há uma votação sobre as ideias apresentadas;

5. **Supervoto** – O definidor escolhe as melhores ideias e toma a decisão sobre o rumo do projeto.

Neste dia deverá ser feito um *storyboard*, ou seja, um quadro com desenhos que mostram visualmente um passo a passo para a execução do protótipo. Isso possibilitará uma visão geral do projeto e evitará questões ambíguas ou futuros problemas de percurso.

Quinta –Neste dia é construído um protótipo. Ele pode e deve parecer real, como as fachadas cenográficas das novelas ou dos filmes antigos. A plateia precisa acreditar no que vê, mas logicamente você poderá apresentar apenas uma ilusão. Knapp (2017) também afirma que o protótipo deve ser algo que você esteja disposto a descartar; afinal de contas, é apenas uma ferramenta para testar a ideia. Ele sugere que a equipe seja dividida da seguinte maneira:

» Os executores – designers ou engenheiros que projetarão as peças individuais;

» O costureiro – combinará as peças criadas a fim de montar o protótipo;

» O escritor – arquitetará o discurso que tornará o protótipo robusto, verossímil e pertinente;

» O coletor de recursos – é uma espécie de produtor. Irá buscar recursos, imagens, textos e peças capazes de agilizar o trabalho da equipe;

» O entrevistador – deverá elaborar os roteiros para os questionários e as pesquisas que serão aplicados aos clientes na sexta-feira. Não deve participar da prototipagem para não se envolver emocionalmente com o projeto.

Sexta – É o dia de entrevistar os clientes e observar as reações em relação ao protótipo. Para o autor, a entrevista deve ocorrer em cinco atos:

1. Apresentação de boas-vindas e cumprimento aos entrevistados;

2. Contextualização sobre o cliente e o projeto;

3. Apresentação do protótipo;

4. Distribuição de tarefas para que os clientes reajam aos protótipos;

5. Aplicação de um *debriefing*, ou seja, perguntas rápidas que confirmam as suas conclusões acerca da entrevista para descobrir, por exemplo, quais as principais vantagens do protótipo, que defeitos foram encontrados ou quais problemas o protótipo é capaz de resolver.

A prática levará a aplicação do método à perfeição. Minha intenção foi apenas contextualizar a ferramenta, apresentando as suas possibilidades. Se estiver pensando em adotar o sprint em seus processos gerenciais, é claro que o livro de Knapp precisa ser lido, pois é ricamente ilustrado e exemplificado. Também sugiro não transformar a técnica em um paradigma, pois para cada contexto podem-se mesclar técnicas e até mesmo criar uma metodologia própria.

CANVAS

Ao liderar seus generais há quase 2 mil anos e dirigir um dos maiores impérios que o mundo já abarcou, Marco Antônio não redigia e compartilhava com a sua equipe extensos relatórios contendo o planejamento estratégico para a expansão do seu negócio (que no caso era o Império Romano) e aquisição de novos mercados. Para empreender extensas campanhas e conquistar novos territórios em ações coordenadas que envolviam dezenas de milhares de soldados, ele abria um mapa sobre uma mesa e demonstrava visualmente, com o uso de peças móveis, a maneira pela qual as tropas deveriam agir taticamente.

Contemporaneamente, o quadro de trabalho, ou canvas, passou a ser utilizado por uma série de autores com as mais diferentes metodologias e objetivos. O que todos os modelos parecem ter em comum é o objetivo de facilitar a visualização de contextos complexos, construir cenários e integrar equipes multidisciplinares. Por exemplo, o *Project Model Canvas*, de Finocchio (2013), visa principalmente a reunir stakeholders de uma empresa para que compreendam o propósito e a visão global dos projetos. O quadro é dividido em retângulos, com perguntas como: "Por quê?"; "O que?"; "Quem?", "Como?", "Quando e Quanto?". Os colaboradores preenchem os espaços com Post-Its, que podem ser reposicionados e modificados colaborativamente. Ao final do processo o que se espera é uma equipe integrada, bem-informada e comprometida com o propósito global da instituição.

A ferramenta foi utilizada por outros autores, como Tim Clark (2013), que também adaptou as metodologias para a simplificação visual de projetos em quadros, dessa vez para o desenvolvimento de pessoas, em seu *Business Model You*.

Já o Sebrae passou a disponibilizar um software denominado "Sebrae Canvas" para ajudar empreendedores a planejar individual ou colaborativamente seus modelos de negócios. Nele, um quadro digital é dividido nas seguintes áreas que devem ser preenchidas: Parceiros-Chave / Atividades-Chave / Proposta de Valor / Relação com o Cliente / Segmentos de Mercado / Recursos-Chave / Canais / Estrutura de Custos / Fontes de Receita.

Métodos ágeis gerenciais como o scrum, o sprint e o design thinking usam estrategicamente quadros de trabalho para ampliar a integração das equipes aos projetos. Certa vez, fui convidado a participar de três processos que envolviam a cocriação, planejados pela especialista em pesquisa e comportamento, Iorrana Pupa, na EcoSocial. Sua metodologia consiste em reinventar os modelos tradicionais de pesquisas mercadológicas utilizando quadros customizados com metodologias multidisciplinares, para elaborar análises de cenários complexos, por meio de práticas colaborativas que estimulam a inteligência coletiva. Como sempre procuro uma oportunidade para participar e aprender, aceitei ser pesquisado/cobaia nessas pesquisas, vivenciando dinâmicas com grupos de diferentes esferas sociais. Por meio desse processo cocriativo, ela conseguiu mapear o grau de alinhamento entre a identidade (o que a empresa pretende comunicar) e a imagem institucional (a percepção e o imaginário dos públicos). Percebi, naquele momento, que ao se integrar aos outros métodos qualitativos, o canvas pode se tornar um poderoso instrumento corporativo de transformação, uma vez que torna simples o complexo.

Neste século marcado pela poluição informacional, crise da atenção e escassez de tempo livre, não nos surpreende o fato de que o uso de quadros para a visualização simples de cenários complexos tenha se disseminado com tamanha potência nos ambientes corporativos. Assim como o *briefing* foi um importante instrumento para a dinamização dos processos dentro da agência de propaganda no século passado, o canvas tem se mostrado fundamental para dar mais agilidade às rotinas gerenciais atuais.

É importante ressaltar que o project model canvas, o design thinking, o sprint, o scrum, o briefing ou nenhuma forma de resumo substitui o planejamento complexo e elaborado. São apenas ferramentas que ajudam a tornar claro o panorama complexo, que deve ser conhecido a fundo. Afinal de contas, vale lembrar o legado deixado pelo antigo general Marco Aurélio que insistiu em deixar "a empresa" para seu filho Cômodo, o que para muitos significou o motivo da queda do Império Romano.

ALQUIMIA DO CRESCIMENTO – METODOLOGIA DOS 3HS

A empresa de consultoria McKinsey popularizou a metodologia conhecida como 3Hs, ou seja, o crescimento organizacional focado em três horizontes de inovação. Baghai, Coley e White (1999) usam o termo "alquimia do crescimento" para explicar modelos de gestão e inovação abertos, focados em crescimento exponencial criativos. O primeiro deles seria baseado no que chamamos de *core business*, ou seja, a estrutura central – o núcleo de uma organização. A inovação nos processos produtivos, na comunicação, na qualidade, gestão das pessoas, atendimento e entrega já existentes seriam nosso primeiro horizonte de planejamento para crescimento. O segundo horizonte lança o foco sobre um futuro próximo e visa a alcançar mercados adjacentes. Já o terceiro horizonte dirige o olhar à inovação para atender demandas em mercados com maior nível de risco incerteza.

Os autores ainda sugerem a divisão de investimentos 70-20-10, ou seja, 70% para o primeiro horizonte, 20% para o segundo e 10% para o terceiro. Chamo de investimento não somente os recursos financeiros, mas também os demais esforços institucionais como o deslocamento de pessoas para o desenvolvimento de atividades de planejamento e ação, assim como o tempo despendido nas tarefas que devem ser executadas, entre outros.

Figura 15 – Infográfico explicativo para os 3Hs

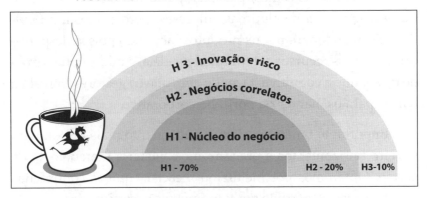

Fonte: Cláudio Rabelo (2022).

Usaremos como exemplo uma rede de *fast food*, que tem como carro-chefe o posicionamento focados em hambúrgueres *gourmet*. Em H1 estão concentrados 70% dos esforços institucionais como a melhoria das embalagens, os canais de comunicação, a gestão administrativa e interna, a qualidade dos produtos, a experiência dos usuários, a agilidade nas entregas e o aumento do valor da marca.

Em H2 voltaremos 20% dos nossos esforços para o alcance de mercados ainda não explorados, mas que se relacionam inextricavelmente ao nosso tipo de negócio, como o ramo de comidas congeladas, cursos de culinária online ou *steak houses*.

Já no terceiro horizonte (H3) serão destinados 10% em exploração de mercados improváveis, cobertos de incerteza e risco. Se der certo, iremos inaugurar novos modelos de negócios, com alto nível de retorno. No caso da hamburgueria, poderíamos, por exemplo, pesquisar a possibilidade de criar comidas digitais, ou seja, estímulos virtuais que simulam o sabor na mente dos consumidores, ou a alimentação saborosa em cápsulas. Importante ressaltar que investimos apenas 10% no terceiro horizonte, justamente para facilitar o abandono de ideias que não se mostram promissoras.

Quando observamos, por exemplo, a Matriz B.C.G (*Boston Consulting Group*) de algumas empresas, percebemos a dificuldade de abandonarem seus produtos "abacaxi", pois já desperdiçaram muitos recursos acreditando na ideia, o que amplia o grau de dissonância cognitiva, fazendo com que os gestores "forcem a barra" para os manter no portfólio corporativo.

Importante também orientar que, quanto mais próximo do terceiro horizonte, mais precisaremos ajustar a metodologia de gestão. Optaremos por incluir ou mesclar equipes contratadas ou terceirizadas, que não tenham uma visão calcificada e viciada pela empresa, o que facilita o olhar criativo e inovador. Também devemos usar métodos ágeis como sprint, scrum, canvas, lean e design thinking, para facilitar a prototipação e testagem de novos produtos, serviços por meio daquilo que chamamos de mínimo produto viável.

MACHINE LEARNING

Há algum tempo assisti mais de quarenta palestras no evento Proxxima, organizado pelo grupo Meio & Mensagem, um dos principais veículos de comunicação voltados para a temática publicitária. Entre os palestrantes estavam os CEOs, Diretores de Operações, Diretores de Marketing e outros cargos importantes de empresas como o Facebook, Google, Twitter, Nestlé, W/McCann, Leo Burnett e Almap. Durante os quatro dias do evento, transmitido pela primeira vez em plataformas digitais, em razão da pandemia da Covid-19, pude observar que machine learning e *data driven* foram as palavras de ordem, praticamente unânimes entre os palestrantes, como fatores estratégicos indispensáveis aos novos tempos. Algoritmos capazes de aprender diante dos comportamentos humanos e direcionar decisões criativas e estratégicas que estão se tornando cada vez mais comuns nos ambientes corporativos.

Para explicar de forma muito simples, o buscador do Google passa a aprender contextos, à medida que as pessoas usam a ferramenta. Por exemplo, se um usuário acaba de buscar a palavra Michael Jackson e logo a seguir digita a palavra "prince", a máquina aprenderá sozinha, comparando seu comportamento de busca ao de outros usuários e, assim, direcionará para o cantor "Prince" e não para algum príncipe inglês. Ao digitar "céu" em português e solicitar a tradução para o inglês, a máquina deverá distinguir se no texto há o sentido de *heaven* ou *sky*. Quanto maior o volume de textos traduzidos, mais a máquina "aprende" sobre a semântica e o contexto.

De maneira parecida os serviços de streaming como a Netflix, o Spotify, a Amazon Prime, a Disney Plus e HBO Max, indicam filmes aos seus usuários de acordo com a aprendizagem da máquina, que compara o uso individual com a análise complexa do comportamento de todos os outros clientes. E dessa forma tentam reduzir o seu tempo de busca no catálogo ao indicar, por exemplo, que um espectador tem 97,2 % de afinidade com a série sugerida pela plataforma.

A aprendizagem da máquina também tem sido utilizada para realizar análise de crédito por parte de instituições financeiras, otimizar a publicação de anúncios e até mesmo criar narrativas baseadas em algoritmos, voltadas para diferentes públicos. Para se ter uma ideia, a "máquina" aprendeu que os públicos reagem com diferentes graus de receptividade em relação aos produtos audiovisuais e, assim, foram produzidos dois filmes publicitários diferentes para divulgar a série *Westworld*, uma para o público feminino (com recortes de empoderamento) e outra para o público masculino (com destaque para a violência). De maneira parecida, os analistas do Google descobriram que o trailer do filme *Projeto Gemini*, de Will Smith, gerou maior grau de retenção, comentários e engajamentos a partir de memes que compararam a versão jovem do ator com a série juvenil que protagonizou nos anos 1990, *Um Maluco no Pedaço*. Assim, reduziram o *trailer* para um *teaser* que enfatizava tal semelhança, ampliando ainda mais o interesse do público.

Sabe-se que os anúncios do Google funcionam por lance. Isso significa que quanto mais procurada é uma palavra-chave, maior o valor a ser pago pelo destaque na área patrocinável. A velha questão da oferta e da demanda, automatizada pelos algoritmos dos buscadores online, também é usada no ponto de vendas de supermercados na hora de decidir a precificação. A automação inteligente consegue identificar um termômetro de vendas que leva em consideração o preço, o tempo em estoque, o fluxo de vendas dos produtos correlatos, a depreciação e a comparação com a concorrência. Assim, o algoritmo vai aprendendo com as rotinas e, aos poucos, consegue responder prontamente às seguintes perguntas:

- Qual é o preço ideal para comercializar um produto, levando-se em consideração o tempo para vender os itens em estoque?
- Com as alterações do preço, qual a relação das vendas com os concorrentes ou similares da categoria?
- Quantos lotes de cada produto devem ser comprados para que não sejam depreciados pelo tempo de exposição nas prateleiras?
- Qual a alteração das vendas em relação ao posicionamento nas gôndolas?
- Quais produtos são comprados geralmente em conjunto? Macarrão, queijo parmesão e molho de tomate? Fraldas e cerveja?

Ainda sobre o assunto, tecnologias de reconhecimento facial e voz têm sido utilizadas pelos estrategistas que utilizam o machine learning para ampliar a segurança e oferecer experiências personalizadas. Casas inteligentes podem passar a identificar o início de um infarto, um incêndio ou até mesmo um caso de violência doméstica, para assim acionar o serviço de ambulância, polícia ou corpo de bombeiros. As *playlists* musicais aleatórias se adaptam ao humor dos usuários e o próprio mercado pode ser "avisado", para que entregue e reabasteça o estoque de papel higiênico ou sabonete em uma residência.

A precificação em supermercados, o controle dos estoques, a otimização da logística e a criação de experiências únicas e imersivas no entretenimento, são apenas alguns usos potenciais das tecnologias emergentes. Na política, os algoritmos de aprendizagem conseguem cruzar milhões de dados para identificar que espécies de palavras, discursos, expressões, abordagens, ações ou imagens têm funcionado para cada público. E, assim, cada eleitor recebe (infelizmente) sua dose de "realidade" sobre o candidato, de acordo com os próprios rastros que deixa.

MERCHANDISE HACKING

O *Pequeno Príncipe*, de Antoine de Saint-Exupéry, é um livro fantástico. Ele discorre sobre o problema da cultura, apontando a ignorância dos humanos adultos, que aprendem a repetir discursos que minam a criatividade, a inventividade, o sentido de felicidade, a justiça e a empatia. O planeta Terra é habitado por humanos capazes de reproduzir uma profusão de padrões, mesmo sem questionar a razão disso. Basta andar pelos mercados e observar a nossa predisposição para a mesmice. Todas as farmácias se parecem, assim como todas as embalagens de produtos do mesmo segmento são semelhantes. Isso é um fenômeno, ou melhor, um pacto invisível/acordo tácito considerado como *trade dress*, ou seja, um código de "vestimenta" de cada categoria. Lembro a primeira vez que ouvi a palavra "paradigma" e na ocasião a professora exemplificou com o selim da bicicleta, dizendo que já é um modelo tão aceito que ninguém ousa subverter seu padrão.

Diante dessa breve contextualização, tentaremos então com o merchandise hacking encontrar as brechas no mercado para vender nossos produtos ou serviços de forma não convencional. Por que fraldas devem ser vendidas somente em farmácias e supermercados, enquanto poderiam ocupar também as prateleiras das lojas de brinquedos ou quaisquer lugares frequentados por pais e mães? Poderiam até mesmo ser vendidas em unidades, embaladas em máquinas de autosserviço nos aeroportos, postos de gasolina ou parques. Não seria interessante encontrar uma embalagem com apenas duas unidades de pão de hambúrguer, uma vez que as famílias estão cada vez menores e com hábitos alimentares cada vez mais individualizados? Isso não iria diferenciar o fabricante dos demais e facilitar o desejo por uma compra sem desperdícios? Por que shopping centers ainda têm tanta dificuldade logística e criativa para que se enxerguem como marcas desterritorializadas? Por que não criam plataformas para vendas online em multicanais ou até mesmo unidades móveis? Imagine um ônibus itinerante, mantido pelo shopping, para atender cidades do interior, principalmente para compras "emergenciais" em datas específicas como o Dia das Mães, o Natal ou o Dia dos Namorados.

É um equívoco atribuir a responsabilidade estratégica para o "p" promocional, uma vez que o "c" da conveniência também amplia consideravelmente a margem para a inovação em torno de algo tão importante para o marketing atual, a entrega. E é exatamente por isso que o merchandise hacking não pode ser negligenciado em nossos planos estratégicos.

Em resumo, consideramos como merchandise hacking o esforço planejado para subverter padrões estratégicos no ponto de vendas, encontrando brechas criativas para resolver os mais diferentes problemas logísticos.

PARTE OITO

ATÉ O PRÓXIMO CAFÉ

E FINALMENTE: O CANVAS DA ESTRATÉGIA DO CAFEZINHO

Eu já havia escrito umas cento e cinquenta páginas de um livro sobre estratégia, mas ainda não tinha conseguido pensar em um título. Com a xícara em mãos, observando a fumaça do café subir, juntamente com o aroma que espalhava pelo quarto, tive uma espécie de epifania. Na mesma hora, resolvi telefonar para a minha colega Rosane Zanotti, da Universidade Federal do Espírito Santo. Ela é uma espécie de guru, orientadora dos meus textos.

— Adorei! Está mais palatável! — disse ela.

Acho que ela foi precisa no comentário! Considero o *Faixa Preta em Publicidade e Propaganda* um filho. O primogênito! Encheu-me de orgulho e felicidade, mas carrega um pequeno problema... Parece arrogante! Certamente essa não era a intenção, uma vez que expliquei logo na apresentação da obra que a faixa preta em qualquer arte marcial, assim como um diploma de ensino superior, pode ser adquirida em quatro anos de extensivo treino. Porém, ele representava apenas o começo. Era simplesmente o ponto de partida para a aprendizagem, a disciplina e a paixão contínuas pela arte, seja da luta ou da estratégia. Mas ainda assim eu me sentia um pouco constrangido, pois o título remetia ao combate ou a algum tipo de *status* conquistado pelo mérito.

Assim, fiquei mais de três anos tentando escrever uma espécie de continuação. Um livro que iria adicionar muitos graus à faixa e atualizar os conceitos, os contextos e as ferramentas de um ecossistema tão dinâmico e que abarca os mercados que demandam os diferentes tipos de estratégia. E, assim, lembrei que as principais reuniões que fiz na vida, tenham sido elas de negócios, pedagógicas ou de projetos pessoais, todas tinham algo em comum: o café.

A bebida é um alento para a alma, um chamamento para a pausa e é capaz de fomentar a arte dos encontros. Embora condicionada em uma xícara tão frágil e pequena, ainda assim é capaz de movimentar mercados milionários. Decidi que precisamos conversar e aprender de forma mais calma, sensorial e atenta. Tentei, dessa forma, fazer com que temas tão complexos como a **publicidade, o branding, a propaganda, o marketing, o growth e o UX** pudessem caber em uma xícara de café. Com essas seis premissas em mente, acredito que todos os tipos de marca podem atingir seus diferentes objetivos. Espero, do fundo do coração, que tornar o mundo mais empático e comunicativo faça parte desses KPIs, mesmo diante das tentações em falar simplesmente sobre conversões e lucro. Para tornar tudo mais claro, finalizarei com a apresentação de uma ferramenta, que pode ser utilizada para treinamentos empresariais e corporativos: o canvas da estratégia do cafezinho.

Para que serve o canvas?

Para que todos os envolvidos com a marca possam ter uma visão clara do ecossistema estratégico que precisa ser trabalhado, como já dissemos, de forma indissociável e não hierárquica. Também tem a função de lembrar, como um rizoma deleuziano, que todos os seis conceitos estão inextricavelmente associados uns aos outros e nenhum é mais ou menos importante.

FIGURA 16 – MODELO DE CANVAS PARA A ESTRATÉGIA DO CAFEZINHO

CANVAS DA ESTRATÉGIA DO CAFEZINHO

O QUE FAZER	Ecossistema de Mercado *Marketing*	Construção de Marca *Branding*	Mitologia de Marca Discurso *Propaganda*	Processo de Publicização *Publicidade*
		Construção de Experiência *User Experience (UX)*		Estratégias de Hipercrescimento *Growth*

COMO FAZER		COM QUAL OBJETIVO	QUEM	QUANDO	QUANTO
	Marketing				
	Branding				
	UX				
	Propaganda				
	Publicidade				
	Growth				

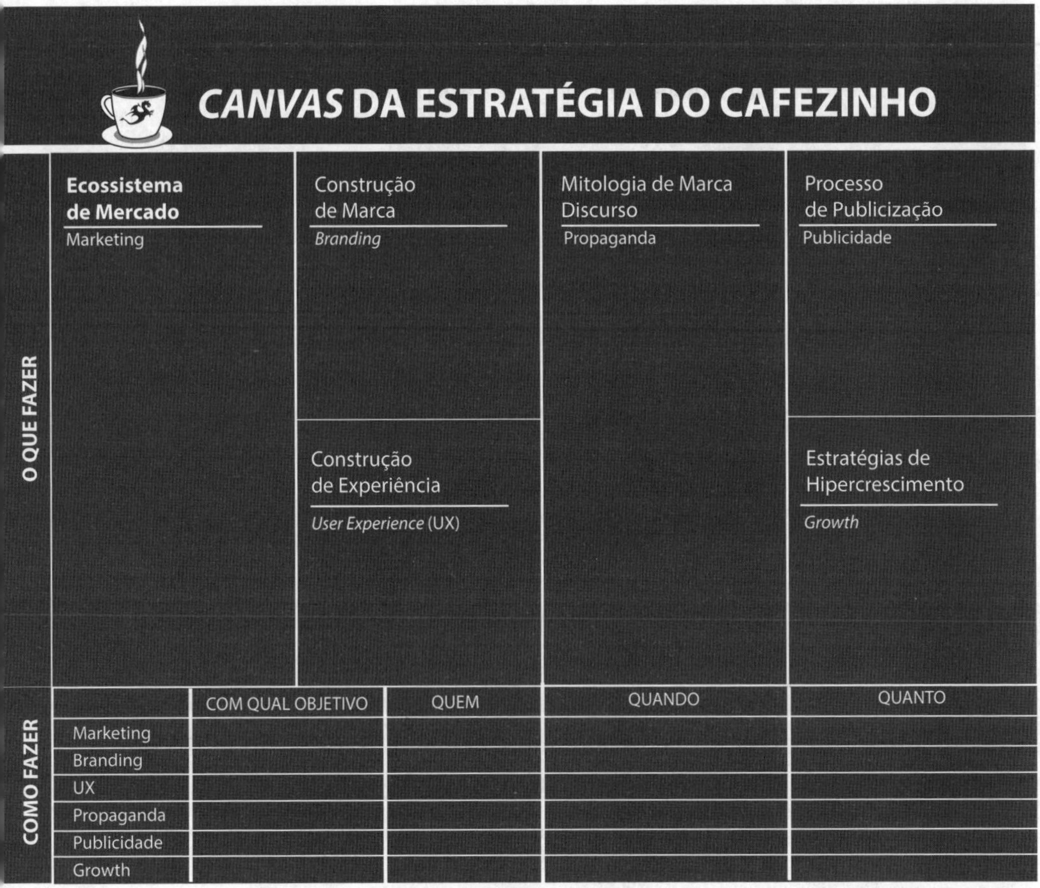

Fonte: Cláudio Rabelo (2022).

O canvas **da estratégia do cafezinho** é uma técnica para envolver toda a sua equipe em torno dos seis **objetivos** fundamentais para o sucesso das marcas:

- **Marketing** – Gerenciar o ecossistema do mercado de forma saudável.
- **Branding** – Ampliar o valor da marca.
- **UX** – Melhorar a experiência dos usuários em todos os pontos de contato.

275

- **Propaganda** – Criar o encantamento, a mitologia da marca e os discursos poderosos.

- **Publicidade** – Publicizar, ampliar o *awareness*, o alcance, a frequência e o diálogo com o público certo e com os canais mais eficazes.

- **Growth** – Hipercrescimento de mercado, vendas, base de clientes e demais KPIs.

O canvas foi dividido em duas partes: O que fazer e como fazer.

- **Como fazer** — Começamos pela base do canvas. Primeiro precisamos estabelecer um **objetivo**. Para que é necessário pensar em marketing? Talvez para resolver os problemas na redução das vendas, atribuídos em razão de uma contingência que afetou os negócios. Ou nossa necessidade parte de uma demanda voltada para a adequação às mudanças em razão das leis, a algum tipo de concorrência ou produto substituto que têm afetado os negócios? Sabendo qual é o nosso objetivo, fica fácil decidir **quem** é o profissional com a melhor qualificação para liderar a empreitada. Ele será capaz de dizer **quando** poderá entregar um mínimo produto viável capaz de testar nossas ações. E, por fim, estabelecer **quanto** isso irá custar para a marca, seja em tempo, dinheiro, exposição aos riscos ou desgaste emocional.

- **O que fazer** – A equipe definirá com Post-Its ou frases curtas as principais diretrizes de cada ferramenta. Por exemplo, em **marketing**, a equipe estratégica de um restaurante pode dizer que precisa ampliar seu mercado para atuação com *delivery*, comidas congeladas e vendas corporativas. Em branding, a equipe pode decidir pela reformulação da identidade visual, a simplificação do nome da marca, um novo *slogan* e a ambientação sonora. Como melhoria de **UX**, os participantes talvez pensem que seja importante reformular o aplicativo, criar um programa de fidelidade, um clube de assinaturas com entrega de pratos exclusivos, personalizados e surpreendentes, além de otimizar as formas de atendimento, preparo e apresentação dos pratos.

Em **propaganda**, talvez seja interessante trabalhar com influenciadores que contarão histórias capazes de mitologizar o local, criar programas para embaixadores da marca, ampliar a participação na imprensa com a elaboração dos *releases* e eventos especiais ou, ainda, tentar criar um diferencial capaz de transformá-lo em brand place. Como soluções de **publicidade**, a equipe pode sugerir a melhoria do trabalho de SEO (otimização dos mecanismos de busca), a organização do inbound e das estratégias de conteúdo, a automação de e-mails, a sistematização dos cadastros e o uso de mídia programática. E por fim, como soluções de *growth*, o grupo responsável por elaborar o canvas pode criar estratégias no estilo *member get member*, com cupons para quem indica e para os que foram indicados, procurar formas de realizar vendas corporativas em larga escala e novas modalidades de lojas: online; unidades móveis (carros adaptados, *trailers*, jantar nas alturas ou adaptado em embarcações) ou unidades itinerantes para participação em feiras. Além disso pode ampliar os negócios com a criação de livros de receitas e produtos para vendas em varejo, como molhos e temperos especiais ou cervejas com o selo da marca.

Enfim, chegamos ao final do livro, mas ainda estamos no início da nossa conversa. Acho que agora é a sua vez. Eu fiz o primeiro convite, mas aguardo o seu retorno para um futuro bate-papo. Afinal de contas, se tem algo que eu dificilmente recuso é um encontro para um café.

Um grande abraço e até a próxima!

OBRAS CONSULTADAS

AGRAWAL, Ajay; GANS, Joshua; GOLDFARB, Avi. **Máquinas preditivas**: a simples economia da inteligência artificial. Rio de Janeiro: Alta Books, 2018.

ANDERSON, Chris. **A cauda longa**: do mercado de massa para o mercado de nicho. Rio de Janeiro: Elsevier, 2006.

ANDERSON, Chris. **Free (grátis)**: o futuro dos preços. Rio de Janeiro: Elsevier, 2011.

BAGHAI, Mehrdad; COLEY, Stephen; WHITE, David. **A alquimia do crescimento**. Rio de Janeiro: Record, 1999.

BAUDRILLARD, Jean. A significação na publicidade. *In*: LIMA, Luiz Costa (org.). **Teoria da cultura de massa**. São Paulo: Paz e Terra, 2000.

BENJAMIN, Walter. A obra de arte na era de sua reprodutibilidade. *In*: BENJAMIN, Walter. **Magia e técnica, arte e política – ensaios sobre literatura e história da cultura**. 2. ed. São Paulo: Brasiliense, 1994. (Obras escolhidas, volume I).

BHABHA, Homi K. **O local da cultura**. Belo Horizonte: Ed. UFMG, 2005.

BLACKET, Tom. What is a brand? *In*: CLIFTON, Rita (org.). **Brands and branding**. Canada: Profile Books, 2009.

CAMPBELL, Joseph. **O herói de mil faces**. São Paulo: Pensamento, 2007.

CONNELLAN, Thomas K. **Nos bastidores da Disney**: os segredos do sucesso da mais poderosa empresa de diversões do mundo. São Paulo: Futura, 1998.

CERTEAU, Michel de. **A invenção do cotidiano**. 3. ed. Petrópolis, RJ: Vozes, 1998. v. 1 Artes de fazer.

CIALDINI, Robert. **As armas da persuasão 2.0**. Rio de Janeiro: Harper Collins, 2021.

CLARK, Tim. **Business model you**. Rio de Janeiro: Alta Books, 2013.

DELEUZE, Gilles. **Lógica do sentido**. São Paulo: Perspectiva, 1974.

DELEUZE, Gilles; GAUTTARI, Félix. **Mil platôs — capitalismo e esquizofrenia**. Rio de Janeiro: Ed. 34, 1995. v. 1.

DELEUZE, Gilles. **Diferença e repetição**. 2. ed. Rio de Janeiro: Graal, 2006.

DE MASI, Domenico. **O ócio criativo**. Rio de Janeiro: Sextante, 2012.

DERRIDÀ, Jacques. **A escritura e a diferença**. São Paulo: Perspectiva, 1995.

DEVENPORT, Thomas H.; BECK, John C. **The attention economy – understanding the new currency of business**. Boston: Harvard Business School Press, 2001.

DISNEY INSTITUTE. **O jeito Disney de encantar clientes**. São Paulo: Saraiva, 2013.

ELIAS, Marcio. **Fundamentos básicos e avançados de SEO**. Rio de Janeiro: Brasport, 2013.

ELLIS, Sam; BROWN, Morgan. **Hacking growth**: a estratégia de marketing inovadora das empresas de crescimento rápido. Rio de Janeiro: Alta Books, 2018.

ESTÉS, Clarissa Pinkola. **Mulheres que correm com os lobos**: mitos e histórias do arquétipo da mulher selvagem. Rio de Janeiro: Rocco, 2018.

FANON, Frantz. **Pele negra, máscaras brancas**. Salvador: Edufba, 2008.

FINOCCHIO JUNIOR, José. **Project model canvas**. Rio de Janeiro: Campus, 2013.

FOUCAULT, Michel. **Vigiar e punir**: nascimento da prisão. Petrópolis, RJ: Vozes, 1987.

FOUCAULT, Michel. **A ordem do discurso**. 5. ed. São Paulo: Edições Loyola, 1999.

FOUCAULT, Michel. **Arqueologia do saber**. 7. ed. Rio de Janeiro: Forense, 2008.

GIBSON, William. **Neuromancer**. 5. ed. São Paulo: Aleph, 2016.

HALL, Stuart. **A identidade cultural na pós-modernidade**. 8. ed. Rio de Janeiro: DP&A, 2003.

HALL, Stuart. **Da diáspora**: identidades e mediações culturais. Belo Horizonte: Editora UFMG, 2006.

HARDT, Michael; NEGRI, Antônio. **Multidão**. Rio de Janeiro: Record, 2005.

HUIZINGA, J. **Homo ludens**: o jogo como elemento da cultura. São Paulo: Perspectiva, 2000.

JENKINS, Henry. **Cultura da convergência**. São Paulo: Aleph, 2008.

JUNG, Carl G. **Os arquétipos e o inconsciente coletivo**. Petrópolis, RJ: Vozes, 2000.

JUNG, Carl G. **O homem e seus símbolos**. 3. ed. Rio de Janeiro: Harper Collins, 2016.

KIM, W. Chan; MAUBORGNE, Renée. **A estratégia do oceano azul**: como criar novos mercados e tornar a concorrência irrelevante. Rio de Janeiro: Campus, 2005.

KNAPP, Jake. **Sprint**: o método usado no Google para testar e aplicar novas ideias em apenas cinco dias. Rio de Janeiro: Intrínseca, 2017.

KOTLER, Phillip; KARTAJAYA, Hermawan; SETIAWAN, Iwan. **Marketing 4.0**: do tradicional ao digital. Rio de Janeiro: Sextante, 2017.

KOTLER, Phillip; KARTAJAYA, Hermawan; SETIAWAN, Iwan. **Marketing 5.0**: Tecnologia para a humanidade. Rio de Janeiro: Sextante, 2021.

LEVITT, Theodore. **A imaginação do marketing**. São Paulo: Atlas, 1990.

LEVY, Pierre. **Cibercultura**. São Paulo: Ed. 34, 1999.

LINDSTROM, Martin. **A lógica do consumo**: verdades e mentiras sobre por que compramos. Rio de Janeiro: Nova Fronteira, 2009.

LINDSTROM, Martin. **Brandsense**: segredos sensoriais por trás das coisas que compramos. Porto Alegre: Bookman, 2012.

LINDSTROM, Martin. **Brandwashed**: o lado oculto do marketing. São Paulo: HSM Editora, 2012.

LINDSTROM, Martin. **Small data**: como poucas pistas indicam grandes tendências. Rio de Janeiro: Harper Collins, 2016.

LUPTON, Ellen. **O design como storytelling**. Osasco, SP: Gustavo Gili, 2020.

MARK, Margaret; PEARSON, Carol S. **O herói e o fora da lei**: como construir marcas extraordinárias usando o poder dos arquétipos. São Paulo: Cultrix, 2003.

MARTINUZZO, José Antônio. **Os públicos justificam os meios**: mídias customizadas e comunicação organizacional na economia da atenção. São Paulo: Summus, 2014.

MCCARTHY, Jerome. **Marketing básico**: uma visão gerencial. II. Rio de Janeiro: Zahar, 1976.

MCLUHAN, Marshall. **Os meios de comunicação como extensões do homem**. 12. ed. São Paulo: Cultrix, 2012.

NIELSEN, Jakob. **10 usability heuristics for user interface design**. 2022. Disponível em: https://www.nngroup.com/articles/ten-usability-heuristics/. Acesso em: 15 jan. 2022.

ORWELL, George. **1984**. São Paulo: Companhia das Letras, 2009.

RABELO, Cláudio Renato Zapalá. Game design. *In*: AZEVEDO, Eduardo (org.). **Desenvolvimento de jogos 3D e aplicações em realidade virtual**. Rio de Janeiro: Campus Elsevier, 2005.

RABELO, Cláudio Renato Zapalá. **Tecnologias de comunicação e educação**: a invenção dos cotidianos menores, produzidos taticamente em redes hipercurriculares. 2011. Tese (doutorado) – Universidade Federal do Espírito Santo (UFES), Vitória, ES, 2011.

RABELO, Cláudio Renato Zapalá. **Faixa preta em publicidade e propaganda**: conceitos, contextos e estratégias em 63 lições. Vitória: GSA, 2018.

RIES, Al; TROUT, Jack. **Posicionamento**: a batalha por sua mente. São Paulo: Makron Books, 2002.

ROBERTS, Kevin. **Lovemarks**: o futuro além das marcas. São Paulo: Makron Books, 2004.

SINEK, Simon. **Comece pelo porquê**. Rio de Janeiro: Sextante, 2018.

SOUZA E SILVA, Adriana de. Do ciber ao híbrido: tecnologias móveis como interfaces de espaços híbridos. *In*: ARAÚJO, Denise Correa (org.). **Imagem (ir)realidade**: comunicação e cibermídia. Porto Alegre: Sulina, 2006.

VOGLER, Christopher. **A jornada do escritor**: estrutura mítica para escritores. 3. ed. São Paulo: Aleph, 2015.

WOLF, Mauro. **Teorias das comunicações de massa**. São Paulo: Martins Fontes, 2005.

ÍNDICE

A

advergames 214
advertainment 49, 187
Airbnb 252–253
alquimia do crescimento 262–263
alt-Commerce 108
alter ego 128
Amazon 92, 105, 113, 120, 122,
133–134, 139–140
  Amazon Spheres 208
  Kindle 18, 54
ambush 213
análise SWOT 69, 198–203
Apple 48, 196, 224
  Apple Watch 133–134
arquétipo 153
arquitetura da informação 105
arquitetura da sobrevivência 103
Atari 110
avatar digital 128–140

B

behavioral targeting 68, 168, 178,
181, 234–235
benchmarking 101, 252–253
Big Brother 123
bots 89, 178, 248–249
brainstorming 99–100, 198–203,
240

branding 25–26, 28–29, 72, 95,
157–158, 181–186, 207, 210,
222, 277–278
brand places 184, 227, 277–278
Brastemp 20
briefing 57, 261–262
broadcasting 48

C

call to action 139–140
canais de propagação 82
cerimonial e protocolo 42–43
citações
  Agrawal, Gans e Goldfarb 92
  Baghai, Coley e White 262
  Barack Obama 241
  Bram Stoker 202–207
  Carlos Lineu 101
  Cícero 128–129
  Devenport e Beck 226
  Domenico De Masi 152–164
  Ellen Lupton 43–44, 194–199
  Faixa Preta em Publicidade e
    Propaganda 143, 151, 155,
    189
  Frantz Fanon 33
  George Orwell 89
  Gilles Deleuze 100
  Henry Jenkins 86

Jake Knapp 254
Jakob Nielsen 105
Jean Baudrillard 217
Jeremy Bentham 89
Jerome McCarthy 66-67
José Antônio Martinuzzo 226
José Finocchio 259
Joseph Campbell 216
Joseph Goebbels 33
Karl Marx 207
Kartajaya e Setiawan 67-68
Kevin Roberts 36-37
Kim e Mauborgne 251
Martin Lindstrom 155-167
Michael Jackson 209
Michel de Certeau 155-167
Michel Foucault 89, 173-174
Nizan Guanaes 75-76
Philip K. Dick 183, 234-235
Philip Kotler 66-67
Pierre Lévy 137-138
Robert Cialdini 52
Sean Ellis 239
Simon Sinek 76-77, 234
Theodore Levitt 76-77
Tim Clark 260
Walter Benjamin 145
William Gibson 84
clusters 81
cobranding 44, 51
cocriação 44
community managers 47
comunicação interna 45
Covid-19 18, 70-71
CRM 132-140
Crocs 199
cross-selling 176-177
cultura da convergência 87
customer persona 96, 233-234

D

data driven 265-266
debriefing 257-258
demand side plataform 182

desafio do balde de gelo 172
design 25, 281-282
discovery commerce 179
Disney 76, 196
  Disney Plus 115
dissonância cognitiva 20-21
Duolingo 108, 146, 183, 214

E

early adopters 49, 146, 196
ecossistema 101
EPK 40-41
Estratégia do Oceano Azul 251, 253
experiential marketing 212
eye tracking 183, 189

F

Faber-Castell 78
Facebook 106-107, 126-127, 153, 156, 156-157, 164
flashmobs 213
Ford 78
Future press release 100

G

gamificação 136-137, 211, 214, 241
Garoto 198
gatilhos 53, 58
gestores de comunidades 47
Globo.com 92, 109
Golden path 99
Google 17, 49, 56, 87-88, 116, 155, 170, 178, 234, 247, 249, 252, 254, 265-266
gordão do trem 61-62
grandiosidade (autoridade) 57
growth 25, 28-29, 277-278
growth hacking 72-73
guestologia 43

H

hamartia 217
Heurística 105-117

I

ícones 20
inbound 38, 148, 178, 277-278
influencers 169, 190
Instagram 153, 156-157, 164-169
  destaques 164
  engajamento 157
  Feed 162
  loja 167
  perfil 161
  postagens 165
  promoção paga 168
  reels 167
  story 164
  uso de influenciadores 168

J

jornada do herói 215

K

KPI 74, 148, 181

L

landing page 165-170, 176, 246
Lego 199, 224-225
Lightning talk 101
LinkedIn 151-152
lovemarks 36-37

M

machine learning 91
Magazine Luiza 175-176
marketing 65-66, 68-69, 95
  data driven marketing 72-73, 91
  marketing de conteúdo 55

Marketing 1.0 66
Marketing 2.0 66-67
Marketing 3.0 67
Marketing 4.0 67-68
Marketing 5.0 68
Marvel 86
Matriz B.C.G 264
McDonald's 96, 115, 199, 251
media training 43, 235
member get member 28, 240, 277
merchandising televisivo 189-190
Meta 156-157
mito 33
mito da caverna 20-21
mitologia 144
mitologia das marcas 20-21, 27
mitos 20
modelo de diamante 80
moodboard 102, 198

N

naming 198
Na Trilha (podcast) 50
Nestlé 121-122, 200
Netflix 18, 112, 152, 232-233, 235
netizens 67-68
networking 23, 27
NFT 126-127
Nike 27, 127
Nintendo 59, 133

O

omnichannel 87-88, 122, 147, 211
outbound 244-245
out of home 144

P

pandemia 18, 70
PicPay 240
pioneirismo (autoridade) 57
placement 50
plano de ações 72-73

players 65
porta-voz 42-43
pós-compra 20
press kit 40
propaganda 28
propaganda x publicidade 35, 143-144
prospects 62
publicidade 29, 35

Q

QR Code 71, 74

R

recall 37, 71, 222
relações públicas 22
release 39, 277
remarketing 147, 176-177
retargeting 38, 147, 168, 175, 177, 285
rizoma 100, 274
roadmap 123-124
  alma 124
  corpo 124
  tecnologias 125
  vida 124
Robinson Crusoé 103

S

sampling 54, 213
Second Life 126, 222
Sega 199
SEO 247
share of heart 71-72
smartphones 53-62, 107, 138
social media 148
sound branding 199
Spotify 139
stakeholders 42, 65, 77, 82, 125-126, 198, 259
storytelling 19, 37, 43, 87, 144, 148, 209, 245, 248

streaming 18, 48, 79, 88, 90, 92, 105, 112, 115, 143-144, 197, 226
Sukita 218
supply side plataform 182-187

T

Tag Livros 60
target 46, 168-180, 234
taxonomia 101
Ted Talks 66-67
tie-in 49
TikTok 90, 153
Tinder 60
trade dress 110
transbranded 225
transmidiação 67-68
treinamentos 50
Twitch 146, 189

U

Uber 252-253
upselling 176-177

V

valor de signo 202
video mapping 186-190
visual merchandising 145-157, 213

W

Wine 60, 139-140, 240

Y

YouTube 41, 61, 71, 87, 123, 139, 144, 146, 152-153, 164, 167, 186-187, 236

Z

zona de conforto 20

Projetos corporativos e edições personalizadas
dentro da sua estratégia de negócio.
Já pensou nisso?

Coordenação de Eventos
Viviane Paiva
viviane@altabooks.com.br

Assistente Comercial
Fillipe Amorim
vendas.corporativas@altabooks.com.br

A Alta Books tem criado experiências incríveis no meio corporativo. Com a crescente implementação da educação corporativa nas empresas, o livro entra como uma importante fonte de conhecimento. Com atendimento personalizado, conseguimos identificar as principais necessidades, e criar uma seleção de livros que podem ser utilizados de diversas maneiras, como por exemplo, para fortalecer relacionamento com suas equipes/ seus clientes. Você já utilizou o livro para alguma ação estratégica na sua empresa?

Entre em contato com nosso time para entender melhor as possibilidades de personalização e incentivo ao desenvolvimento pessoal e profissional.

PUBLIQUE
SEU LIVRO

Publique seu livro com a Alta Books.
Para mais informações envie um e-mail para: autoria@altabooks.com.br

 /altabooks /alta-books /altabooks /altabooks /altabooks

CONHEÇA OUTROS LIVROS DA **ALTA BOOKS**

Todas as imagens são meramente ilustrativas.

ROTAPLAN
GRÁFICA E EDITORA LTDA

Rua Álvaro Seixas, 165
Engenho Novo - Rio de Janeiro
Tels.: (21) 2201-2089 / 8898
E-mail: rotaplanrio@gmail.com